Ein Lehrwerk für Erwachsene

Tests

Jörg Roche, Norma Wieland

LANGENSCHEIDT

BERLIN · MÜNCHEN · LEIPZIG · WIEN · ZÜRICH · NEW YORK

Zeichnungen und Layout: Theo Scherling
Umschlaggestaltung: Theo Scherling, unter Verwendung eines Fotos
© Presse- und Informationsamt der Bundesregierung, Bonn
Redaktion: Sabine Wenkums

Deutsch aktiv Neu
Ein Lehrwerk für Erwachsene

Ausgabe in 3 Bänden	1A (Kapitel 1–8)	1B (Kapitel 9–16)	1C (Kapitel 17–24)
Lehrbuch	49100	49120	49140
Arbeitsbuch	49101	49121	49141
Lehrerhandreichungen	49102	49122	49142
Glossare			
Deutsch–Englisch	49103	49123	49143
Deutsch–Französisch	49104	49124	49144
Deutsch–Griechisch	49109	49129	49149
Deutsch–Italienisch	49105	49125	49145
Deutsch–Polnisch	49108	49128	49148
Deutsch–Portugiesisch	49113	49133	—
Deutsch–Rumänisch	49112	49132	—
Deutsch–Russisch	49111	49131	49151
Deutsch–Spanisch	49106	49126	49146
Deutsch–Türkisch	49107	49127	49147
Cassetten			
1 Hörtexte	84550	84555	84560
2 Sprechübungen und	84551	84556	—
Begleitheft	49110	49130	—
Folien	84552	84557	84562
Ausgabe in 2 Bänden	**GS 1 Lehrbuch** (Kapitel 1–12) 49160	**GS 2 Lehrbuch** (Kapitel 13–24) 49165	
	GS 1 Arbeitsbuch (Kapitel 1–12) 49161	**GS 2 Arbeitsbuch** (Kapitel 13–24) 49166	
Für beide Ausgaben Tests	(Kapitel 1–24) 49197		

Druck: 5. 4. 3. 2.   Letzte Zahlen
Jahr: 98 97 96 95 94   maßgeblich

© 1994 Langenscheidt KG, Berlin und München

Druck: Druckhaus Langenscheidt, Berlin
Printed in Germany · ISBN 3-468-49197-2

Inhaltsverzeichnis

1. Einleitung

Das Messen und Bewerten der Kenntnisse (Fertigkeiten) der Lernerinnen und Lerner ist eine konstante Aufgabe des Fremdsprachenunterrichts:
1. *vor dem Unterricht* bei der Einstufung in eine angemessene – die bestmögliche – Lerngruppe;
2. *im Unterricht* bei der Lern- und Erfolgskontrolle, bei der Bestimmung von Progression, Unterrichtsgeschwindigkeit usw.;
3. *nach dem Unterricht* zur Bewertung der erbrachten Leistung.

Für die Lehrerin/den Lehrer ist diese Aufgabe mit einem konstanten Vergleich der „Ist-Werte" und „Soll-Werte" verbunden. Obwohl dieser Vergleich immer auch durch (unbewußtes) Beobachten geschieht, kann auf genaues Testen nie ganz verzichtet werden. Für die Lernerinnen/Lerner ist dieses Testen vor allem deshalb wichtig, weil es ihnen die nötige *Eigenkontrolle* erleichtert (was sie allerdings nicht immer auch so verstehen).

Der wichtigsten Regel fairen Testens zufolge sollte man dabei nur das testen, was man auch unterrichtet. Und man sollte nur so testen, *wie* man unterrichtet. Mit anderen Worten, Tests sollten auf Inhalt und Methodik des Unterrichts abgestimmt sein. Diese Abstimmung ist aber in der Regel sehr zeitaufwendig. Schon das routinemäßige Zusammenstellen von Tests und ihre Auswertung verschlingen wertvolle Zeit, die für andere Aufgaben (zum Beispiel Unterrichtsvor- und -nachbereitung, Projektbetreuung) wesentlich besser genutzt werden könnte.

Deutsch aktiv Neu – Tests wollen hier praktische Hilfe leisten. Sie wollen den Lehrerinnen/Lehrern und den Lernerinnen/Lernern leicht zugängliche Möglichkeiten der *Lernkontrolle* geben. Sie enthalten eine Fülle von Leseverständnistests, Hörverständnistests, Dialogübungen, Schreibaufgaben und Struktur- und Wortschatztests sowie komplette Einstufungs- und Abschlußprüfungen und Aufgaben für mündliche Prüfungen. Diese können in der vorgegebenen Form oder nach individuellen Bedürfnissen beliebig *ausgewählt* oder *kombiniert* werden. Sie können auch variiert und modifiziert werden, um weitere Tests und Übungen zusammenzustellen.

Da diese Tests eine effiziente praktische Hilfe sein wollen, wird das Multiple-Choice-Auswertungsverfahren hier vergleichsweise häufig angewendet. Das vereinfacht und beschleunigt die Auswertung.

Testen

Zusätzlich zu diesem Testband können (von Lehrerinnen und Lehrern) verschiedene Testtypologien zur Testkonzeption eingesetzt werden. In bezug auf den kommunikativen Unterricht sind dabei besonders die beiden folgenden zu empfehlen:
Peter Doyé, Typologie der Testaufgaben für den Unterricht Deutsch als Fremdsprache, Langenscheidt, Berlin/München 1988; Neuner/Krüger/Grewer, Übungstypologie zum kommunikativen Deutschunterricht, Langenscheidt, Berlin/München 1981.

Auch zur Theorie des Testens gibt es eine stark wachsende Anzahl von Publikationen. Es sei dabei aber ausdrücklich darauf hingewiesen, daß nicht alle Beiträge einen unmittelbaren praktischen Nutzen für den Unterricht haben. Viele beschäftigen sich mit der Problematik der Testkonzeption und ihrer numerischen (statistischen) „Objektivierung". Die kritischeren Beiträge kreisen dabei um die Grundfragen „Wissen wir überhaupt, was wir testen?" und „Testen wir, was wir wissen?".

Es ist sehr schwierig, solche Fragen zu Testzweck und Testkonzeption zu beantworten, denn jede Zweckdefinition unterliegt immer einer subjektiven Bewertung und Auswahl. Das Testen ist da keine Ausnahme. Wenn man sich darüber im klaren ist, erscheint die statistische Auswertung eher sekundär. Leicht spiegelt sie eine Genauigkeit bei der Auswertung nur vor und verdeckt die Ursachen der Fehler. Auch Testergebnisse sind kontextabhängig und sollten trotz aller objektivierbar erscheinenden Einzelbewertungen in eine ganzheitliche Bewertung integriert werden.

Lernprogression und Testen

Untersuchungen des „natürlichen" („ungesteuerten") Spracherwerbs zeigen, daß Spracherwerb in der Regel nicht linear auf ein bestimmtes Ziel hin erfolgt. Vielmehr unterliegt er einem Zusammenspiel verschiedener, recht komplexer Gesetzmäßigkeiten. Diese Gesetzmäßigkeiten sollten daher auch bei der Konzeption und Bewertung von Lernerleistungen berücksichtigt werden. Zu den wichtigsten Gesetzmäßigkeiten gehören dabei die folgenden:

- Spracherwerb ist weder lineare Progression noch Chaos. Er unterliegt eigenen Prinzipien und Strategien und erfolgt in bestimmten Ablaufsequenzen. Lernerinnen/Lerner lernen und verlernen allerdings unterschiedlich schnell. Unter bestimmten Bedingungen kann es auch zu einer Fossilierung des Erwerbs kommen.
- Lernerinnen/Lerner sind immer dann zu erstaunlichen Leistungen fähig, wenn sie aktiv nach Lösungen suchen (Hypothesen bilden und testen).
- „Natürliche" Lernprogression und Lehrprogression sind nicht identisch, sie klaffen meist auseinander. Die Lehrprogression ist dann effizienter, wenn sie sich den „natürlichen" Erwerbsgesetzmäßigkeiten stärker anpaßt.
- Zu den Gesetzmäßigkeiten des Spracherwerbs gehört, daß Lernerinnen/Lerner in den rezeptiven Fertigkeiten (Verstehen) normalerweise weiter fortgeschritten sind als in den produktiven. Das hat unter anderem damit zu tun, daß sie sich vorsichtig an neue Strukturen herantasten und sie erst jenseits einer gewissen Schwelle auch aktiv anwenden. Solche „stillen Perioden" gibt es nicht nur zu Beginn des Spracherwerbs, wenn fast alles neu ist, sondern immer wieder bei der Begegnung mit neuen, unbekannten Strukturen. Etwas Neues wird also meist zunächst still bearbeitet und ausprobiert, bevor es „an der Oberfläche" erscheint. Manche Lernerinnen/Lerner sind dabei wie Eisberge.
- Lernprogression ist immer auch (vorübergehender) Stillstand und Regression. Allerdings ist das nicht immer etwas Negatives. Es ist meist eine Entlastung (Ruhepause) für Lernerinnen/Lerner, die es ihnen erlaubt, sich auf das Neue zu konzentrieren. Vergessen geglaubte Strukturen tauchen zu einem späteren Zeitpunkt meist wieder auf.

Aus diesen Gesetzmäßigkeiten ergeben sich keine unmittelbaren Patentrezepte für den Unterricht oder das Testen. Sie geben aber dennoch eine gewisse Orientierungshilfe. So kann man unter anderem daraus schließen, daß nach Möglichkeit das Neueingeführte nicht unmittelbar nach der Einführung, sondern eher zeitversetzt und nach entsprechenden Wiederholungsphasen getestet werden sollte, damit auch regressive Phasen beim Fortschreiten des Spracherwerbs berücksichtigt werden können.

Hinweise zur Benutzung der Tests

Die Tests werden mit einem *Einstufungstest* eingeleitet, mit dem man feststellen kann, auf welchem Niveau sich die Lernerinnen/Lerner befinden. Aus der Schulpraxis ist bekannt, daß Einstufungstests häufig nicht die Aufmerksamkeit geschenkt wird, die sie eigentlich verdienen. Das liegt vor allem daran, daß sie in der Regel recht aufwendig sind und daher viel Zeit in Anspruch nehmen. Es wird aber häufig übersehen oder unterschätzt, daß akkurate Einstufungstests auf lange Sicht (im Unterricht) enorm vielen Problemen vorbeugen helfen und daher viel Zeit sparen können. Der hier vorgestellte Einstufungstest bietet zu diesem Dilemma eine praktische Lösung an, indem er exemplarisch testet und nur Multiple-Choice-Aufgaben enthält. Die Auswertung wird dadurch so vereinfacht, daß sie selbst von jemandem vorgenommen werden kann, der kein Deutsch spricht oder versteht.

Der Hauptteil der Tests besteht aus Aufgaben zu
- Leseverständnis
- Hörverständnis
- Wortschatz/Strukturen
- Schreiben
- Dialogsituationen
der beiden ersten Unterrichtsjahre (*Deutsch aktiv Neu* 1A, 1B, 1C). Die Tests sind kapitelweise angeordnet und setzen in der Regel *Vokabular* und *Strukturen* des betreffenden Kapitels und der vorangehenden Kapitel voraus.

Die (authentischen) *Lesetexte* sind in jedem vierten Kapitel zusammengefaßt. Sie können auch Strukturen enthalten, die etwas über die produktiven Fertigkeiten der Lernerinnen/Lerner auf der entsprechenden Stufe hinausgehen. Das entspricht „natürlichen" Rezeptionsbedingungen. Solche Strukturen werden jedoch nicht explizit getestet. Die Texte sind in bezug auf Länge/Schwierigkeit angeordnet: Die Auswahl beginnt in der Regel mit den kürzeren Texten (zum Beispiel Werbetexten) und endet mit den längeren, komplizierteren (Märchen usw.). Die Tests decken somit ein sehr breites Spektrum ab. Die Fragen zu den Texten sind diesbezüglich angepaßt: Bei den kürzeren Texten handelt es sich vorwiegend um Informationsfragen, deren Beantwortung sich bei genauem Lesen mehr oder weniger unmittelbar aus dem Text ergibt. Bei den längeren Texten muß man auf der Basis von größeren Textsegmenten auch „zwischen den Zeilen" lesen. Hier haben die Fragen eine größere „Reichweite".

Die *Hörtests* beziehen sich auf die Hörtexte der Lehrbücher. Für diese Tests können daher die Lehrbuchkassetten verwendet werden. Es ist jeweils angegeben, wo diese Hörtexte zu finden sind. Mit 📼 gekennzeichnete Tests beziehen sich auf Hörtexte, die wörtlich im Lehrbuch abgedruckt sind. Die Texte zu den mit 📼 gekennzeichneten Tests sind nur in den Lehrerhandreichungen abgedruckt. Es handelt sich um zusätzliche Hörmaterialien zu den entsprechenden Lehrbuchtexten.

Die Aufgaben in den Abschnitten *Wortschatz/Strukturen* sind vorwiegend Multiple-Choice-Aufgaben. Es gibt jeweils vier Antwortmöglichkeiten, von denen nur eine richtig ist. Wie bereits an anderer Stelle erwähnt, haben Multiple-Choice-Aufgaben den Vorteil, eine sehr schnelle Auswertung zu ermöglichen. Durch Abdecken der Antwortmöglichkeiten können diese Aufgaben aber auch leicht in Einsetzübungen oder Paraphrasierungsübungen umgewandelt werden.

Die *Schreibtests* enthalten eine Reihe verschiedener Aufgaben zu Orthographie, gesteuertem und freiem Schreiben. Wegen der Variationsbreite der möglichen Lösungen für die freien Aufgaben werden im Schlüssel dafür nur Muster angegeben oder es wird auf solche verwiesen. Für einige dieser Aufgaben muß zusätzliches Schreibpapier zur Verfügung gestellt werden.

Bei den *Dialogsituationen* handelt es sich in erster Linie um Tests zur mündlichen Kommunikation. Die meisten Aufgaben können aber auch als Tests des schriftlichen Ausdrucks eingesetzt werden.

Vorschläge für *mündliche Abschlußprüfungen* des ersten und zweiten Unterrichtsjahres werden in den Kapiteln 12 und 24 unter den *Dialogsituationen* gemacht.

Ein *Schlüssel* zu den Tests (ausgenommen die offenen Dialogübungen) findet sich ab Seite 191.

Zur Vorbereitung auf die vom Goethe-Institut und dem Volkshochschulverband durchgeführten Prüfungen für das *Zertifikat Deutsch als Fremdsprache* enthalten *Deutsch aktiv Neu – Tests* einen kompletten Muster-Prüfungssatz mit Auswertungsschlüssel. Dieser wurde freundlicherweise vom Goethe-Institut München zur Verfügung gestellt.

Kapitel 1 und 2 dieses Testbandes wurden von Jörg Roche verfaßt, Kapitel 3 wurde von Norma Wieland und Jörg Roche gemeinsam geschrieben.

2. Einstufungstest

2.1 Benutzerhinweise (für Lehrerinnen und Lehrer)

Im Sprachunterricht muß man immer wieder Lernerinnen/Lerner mit Vorkenntnissen richtig einstufen. Folgende Faktoren sind dabei zu berücksichtigen:

1. Institutionelle Voraussetzungen müssen gegeben sein, wie zum Beispiel ein ausreichendes Kursangebot, und die personell-administrativen Voraussetzungen für die „Abnahme" (und Auswertung) eines Tests.
2. Die Kriterien für einen effizienten Einstufungstest müssen bekannt sein oder in bezug auf das vorhandene Kursangebot erarbeitet/modifiziert werden.
3. Die „innere Kohärenz" eines Sprachprogramms (die Abstimmung der Stufen, fließende Übergänge zum Beispiel durch kontinuierlichen Einsatz ähnlicher Methoden, verwandter Lehrwerke usw.) erhöht die Effizienz eines Einstufungstests erheblich.
4. Auf die verschiedenen Lernertypen und andere Faktoren ist nach Möglichkeit Rücksicht zu nehmen. Vor- und Nachteile von Homogenität oder Heterogenität der Lerngruppe sind abzuwägen.
5. Die Bereitschaft der Lernerinnen/Lerner, sich einem Test zu unterziehen und den Ergebnissen auch zu folgen, sollte gewährleistet sein. Es gibt eine Reihe von Gründen, warum Lernerinnen/Lerner einen solchen Test umgehen oder in ein niedrigeres Niveau eingestuft werden wollen.

Der folgende Einstufungstest kann natürlich nicht alle der angesprochenen Probleme lösen. Sein Ziel ist es, praktische Hilfe zu leisten und den Arbeitsaufwand für Vorbereitung und Auswertung auf ein Minimum zu reduzieren. Er testet daher exemplarisch (an der grammatischen Progression orientiert) und verwendet nur Multiple-Choice-Aufgaben. Die Auswertung wird dadurch so vereinfacht, daß sie selbst von jemandem vorgenommen werden kann, der kein Deutsch spricht oder versteht. (Eine vollautomatisierte Computerversion dieses Tests läuft seit 1991 an einigen Universitäten in Kanada praktisch ohne jede Beteiligung des Lehrpersonals. Studenten können jederzeit [zu den Öffnungszeiten des Computerlabors] diesen Test machen und erhalten sofort ihr Einstufungsergebnis.)

Dieser Test ist auf ein dreistufiges kohärentes und kommunikatives System ausgerichtet, mit einem Parallelstrang für die ersten zwei Jahre. *Deutsch 1–3* bezeichnen den „regulären Strang" (drei Jahre Deutsch, Einstieg ins Programm ohne Deutschkenntnisse oder mit einigen Unterrichtskenntnissen), wo mit einem Lehrwerk wie *Deutsch aktiv Neu (1A/1B/1C* oder *GS1/GS2)* unterrichtet wird. *Deutsch 1A* und *Deutsch 2A* umfassen zwei Jahre Deutsch für Lernerinnen/Lerner, die bereits ungesteuerte Kenntnisse des Deutschen besitzen und sich vor allem auf Grammatik und schriftlichen Ausdruck konzentrieren müssen.

„Ungesteuert" bedeutet dabei nur, daß der primäre Zweitspracherwerb nicht von Unterricht gesteuert war, sondern „natürlich" zu Hause, in einem deutschsprachigen Land oder anderer deutschsprachiger Umgebung erfolgte. Erfahrungsgemäß hat sich der Spracherwerb dieser Lernerinnen/Lerner bei Eintritt ins Schulsystem bereits so verfestigt, daß rein kommunikative Lehrmethoden weitgehend erfolglos bleiben. Die Lernerinnen/Lerner beherrschen meist die kommunikativen Routinen so flüssig (wenn auch meist „ungrammatisch"), daß es stärker strukturell ausgerichteter Lehrmethoden bedarf, um sie auf das „falsche" System aufmerksam zu machen und das neue – meist sehr mühsam – einzuüben. Kommunikative Lehrwerke sollten hier kurs*begleitend*, die Grammatik kurs*tragend* eingesetzt werden. Wenn solche Lernerinnen/Lerner mit anderen Lernerinnen/Lernern zusammen sind, die keine oder vor allem „gesteuert" erworbene Kenntnisse des Deutschen besitzen, hat das meist zwei negative Auswirkungen auf diese: Erstens werden sie dauernd mit nicht-zielgerechten Äußerungen (Modellen) konfrontiert und zweitens wirkt die scheinbar flüssige Sprachbeherrschung der anderen stark einschüchternd. Auf eine Trennung dieser beiden Lernertypen sollte also nach Möglichkeit – zum Nutzen beider – geachtet werden.

Das Kurssystem, auf das sich dieser Test bezieht, läßt sich schematisch so darstellen:

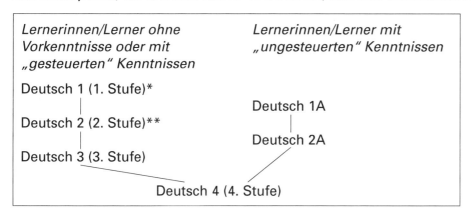

Dieser Test kann nach örtlichen Gegebenheiten verkürzt oder modifiziert werden. Es lassen sich einzelne Aufgaben (zum Beispiel durch die der daran anschließenden Tests) austauschen oder nach gleichem Muster ähnliche Tests ganz neu zusammenstellen. Es empfiehlt sich
– zur Orientierung persönliche Angaben von den Lernerinnen/Lernern zu erfragen – insbesondere zum Lernhintergrund;
– die Lernerinnen/Lerner über den Zweck des Tests zu informieren und ihre Kooperation zu fördern.

Auf den nächsten Seiten ist ein Muster abgedruckt. Der Einleitungstext des Bogens sowie der erste Satz in Text- und Antwortbogen könnten in der Muttersprache der Lerner verteilt werden. Bei multinationalen Gruppen können Sie ihn auch auf deutsch oder englisch verteilen.

---

* *Deutsch aktiv Neu GS1 (bzw. 1A – 1B, Kapitel 12)*
** *Deutsch aktiv Neu GS2 (bzw. 1B, Kapitel 13, – 1C)*

Name der Schule
Einstufungstest – Antwortbogen

Dieser Einstufungstest ist für Lernerinnen/Lerner gemacht, die schon etwas Deutsch können. Er soll feststellen, *wieviel* Deutsch Sie können. Das erlaubt uns, Ihnen einen Kurs anzubieten, der möglichst genau Ihrem Niveau entspricht und Sie weder über- noch unterfordert. In einer solchen Klasse sind Sie nicht (viel) besser oder schlechter als die anderen. So können Sie gleichmäßig und schnell Deutsch lernen, in einer guten Arbeitsatmosphäre.

Wir bitten Sie daher, diesen Test so gut wie möglich zu machen.

Der Schwierigkeitsgrad der Fragen nimmt zu. Es kann daher sein, daß Sie merken, daß die Fragen zu schwierig werden und daß Sie vielleicht nur noch raten (also nicht mehr genau wissen, was Sie ankreuzen sollen). Sie brauchen den Test nicht zu beenden. Brechen Sie dann einfach ab, machen Sie dann nicht weiter.

Für diesen Test gibt es keine Noten. Er zählt nicht für irgendeine Note eines Kurses.

Bitte informieren Sie sich im Sekretariat ab _____ über das Ergebnis des Tests.

Bitte ausfüllen!

NAME: _____

ADRESSE: _____

_____

TELEFON: _____ DATUM: _____

WO HABEN SIE DEUTSCH GELERNT?

_____ Schule/Gymnasium; _____ Sprachschule;
_____ Deutsch sprechendes Land; _____ zu Hause;
_____ sonstiges

WIE LANGE? _____

GEWÜNSCHTER DEUTSCHKURS (wenn bekannt): _____

Einstufungsergebnis

Name of School or Institute
Placement Test – Answer Sheet

This placement test is conceived with those learners in mind who already have some knowledge of German. It is meant to determine *how much* German they know. The results enable us to place learners in the course which best corresponds to their level of ability and which will neither over nor under challenge them. They will not be (much) better or worse than the other course participants. The result will be to create a good learning atmosphere where they can learn quickly.

We therefore ask that you do your best on the test.

The questions become gradually more difficult. You might realize at some point that the questions are too hard for you so that you are merely guessing (i.e. you are no longer certain of the correct response). You do not have to finish the test. Simply stop at this point.

There are no marks for this test. It does not count toward marks in any course.

Please check in the office for your test results after _____ (date).

Bitte ausfüllen!

NAME: _____

ADRESSE: _____

_____

TELEFON: _____ **DATUM:** _____

WO HABEN SIE DEUTSCH GELERNT? (Where did you learn German?)

_____ Schule/Gymnasium (school/high school); _____ Sprachschule (language school);
_____ Deutsch sprechendes Land (German speaking country); _____ zu Hause (at home);
_____ sonstiges (other)

WIE LANGE? (For how long?) _____

GEWÜNSCHTER DEUTSCHKURS (wenn bekannt): _____
(What German course would you like to take [if known]?)

Einstufungsergebnis

2.2 Testsatz

Einstufungstest

Textbogen

*Lesen Sie bitte und markieren Sie jeweils die richtige Lösung (nur <u>eine</u> Antwort!) im **Antwortbogen**.*

1. Teil

1. „Wie geht es Ihnen?" – „Danke, _____."

   a ich bin ganz gut
   b mir geht ganz gut
   c mir geht es gut
   d ich habe sehr gut

2. Alles zusammen kostet _____.

   a sieben Mark dreißig
   b sieben Deutsch Mark dreißig
   c sieben Deutsche Mark dreißig
   d sieben Marks dreißig

3. Susanne möchte ihren Freund _____.

   a telefonieren
   b antelefonieren
   c anrufen
   d berufen

4. Er möchte Arzt _____.

   a haben
   b werden
   c studieren
   d bekommen

5. _____ das Mädchen?

   a Weiß er
   b Weißt du
   c Kennt ihr
   d Kennst Sie

6. Die _____ tun mir weh.

   a Füße
   b Fuß
   c Armen
   d Beins

7. „Wir wollen noch etwas trinken." – „Nein, _____."

   a ihr hat schon genug getrunken
   b ihr habt schon genug getrunken
   c ihr hat schon genug getranken
   d ihr habt schon genug getrinkt

8. _____ geht sie?

a Wen
b Wohin
c Wer
d Woher

9. Kurt war heute _____. Er war krank.

a beim Arzt
b zum Arzt
c am Arzt
d im Arzt

10. Ich komme _____.

a von Hause
b von zu Hause
c zu Hause
d nach zu Hause

11. Sie sind Touristen _____.

a aus der Schweiz
b nach der Schweiz
c in die Schweiz
d von die Schweiz

12. Wie komme ich _____?

a nach dem Bahnhof
b am Bahnhof
c auf dem Bahnhof
d zum Bahnhof

13. Die Vase steht zwischen zwei _____.

a Buche
b Bücher
c Büchern
d Buchern

14. „Wie spät ist es jetzt?" – „_____"

a Ich habe schlecht geschlafen.
b Fast sechs Stunden.
c Zwei Uhr.
d Um Viertel vor Acht.

15. Ich kann _____ Sachen nicht finden.

a meinen
b meiner
c meine
d mein

16. Hier sind zwei Bilder: _____!

 a Beschreibst du sie bitte
 b Schreiben Sie bitte
 c Schreib mal wieder
 d Beschreiben Sie sie

17. „Kommen Sie! Eine Super-Uhr für 120 Mark!" – „Nein danke, _____."

 a ich wolle keine Uhr
 b ich verkaufe keine Uhr
 c das geht zu teuer
 d die ist mir zu teuer

18. Da das Auto alt ist, _____.

 a kaufe ich es nicht
 b ich kaufe es nicht
 c gekauft ich es nicht habe
 d es will ich nicht kaufen

19. „Was haben Sie die ganze Zeit gemacht?" – „_____"

 a Ich habe zwanzig Minuten gewartet.
 b Ich habe zwei Uhre gewartet.
 c Ich habe bis halb vierzehn Uhr gewartet.
 d Ich habe um sieben Stunde gewartet.

20. „Was _____?" – „Es gab einen Unfall."

 a hat passiert
 b passiert
 c ist passiert
 d passierte es

21. Kirsten legt das Buch _____.

 a auf dem Tisch
 b am Tisch
 c an der Tisch
 d unter den Tisch

22. Wenn ich Zeit habe, _____.

 a dich besuche ich
 b besuche ich dich
 c ich dich besuche
 d ich besuche dir

23. Er machte Schuhe, _____.

 a die nie kaputtging
 b die kaputtgegangen haben
 c die kaputtgingen
 d die nie kaputtgangen

14

24. Sie sprachen über vieles, _____ sie interessierte.

a welches
b was
c worin
d die

25. Nachdem Familie Bengtson in Tokio angekommen _____.

a hatte, ist sie ins Hotel gefahren
b war, fuhr sie ins Hotel
c haben, haben sie ins Hotel gefahren
d sind, fuhren sie ins Hotel

26. Herbert hat gesagt, _____.

a daß er kann nicht heute kommen
b daß er heute nicht kommen kann
c daß er kann kommen nicht heute
d daß er heute nicht kann kommen

27. Ich nehme die Wohnung, _____.

a denn ist sie zu teuer
b obwohl sie sehr klein ist
c aber ist sie zu klein
d weil sie ist groß

28. Wir haben in Deutschland gewohnt, _____.

a wenn ich 6 Jahre alt war
b wann ich war 6 Jahre alt
c als ich 6 Jahre alt war
d weil ich 6 Jahre alt war

29. _____ muß ich zu Hause bleiben.

a Wann ich kein Geld habe, dann
b Wann habe ich wenig Geld, denn
c Wenn ich habe kein Geld, dann
d Wenn ich kein Geld habe,

30. Endlich schien die Sonne wieder, nachdem es 10 Tage _____.

a geregnet hatte
b geregnet hat
c geregnete
d regnete

31. Das ist wirklich ein sehr _____ Museum.

a interessanten
b interessante
c interessantes
d interessanter

32. Das ist wirklich _____.

a ein schönen Mantel
b einer schöner Mantel
c ein schöner Mantel
d ein schönes Mantel

33. Nimm _____.

a der blauer Pullover. Der steht dir besser.
b den blaue Pullover. Er steht dir sehr gut.
c die blaue Pullover. Die gefällt mir gut.
d den blauen Pullover. Den finde ich gut.

34. Das ist _____.

a ihr älterer Schwester
b ihre ältere Schwester
c ihre älteren Schwestern
d ihren ältere Schwester

35. Hier ist Rauchen verboten; hier _____ Sie nicht rauchen.

a müssen
b darf
c könnten
d dürfen

36. Stimmt das wirklich? 30 Jahre lang _____ er bei dieser Firma, und dann wurde er entlassen?

a arbeitete
b arbeit
c arbeite
d arbeitetet

37. Schau mal, wie _____ meine neue Jacke?

a findest dir
b finden Sie
c gefällt dich
d steht mir

38. Gestern hatte ich viel zu tun. Also _____.

a stand ich um 8 Uhr auf
b ich aufstande um 8 Uhr
c um 8 Uhr ich stand auf
d um 8 Uhr stande ich auf

39. Ein Schuhverkäufer ist ein Mann, _____.

a wer Schuhe kauft
b das Schuhe verkauft
c und verkauft er Schuhe
d der Schuhe verkauft

40. Das sind schöne Skier! _____

   a Leihst du mir die mal?
   b Leiht sie mir mal die?
   c Leihst du mal mir?
   d Leihen Sie sie mich mal?

Ende 1. Teil. Wenn der Test bis jetzt nicht zu schwer war, machen Sie weiter im 2. Teil. Wenn Sie bis jetzt viele Probleme hatten, hören Sie bitte hier auf.

2. Teil

1. Sie ist Studentin, aber sie arbeitet in den Ferien, _____ .

   a um Geld sie verdient
   b um Geld zu verdienen
   c denn will sie Geld verdienen
   d so sie genug Geld verdient

2. _____ , hielt man sie für Brüder.

   a Ob sie einander ähnlich waren
   b Während sie einander ähnlich sind
   c Obwohl sie einander nicht ähnlich waren
   d Weil sie waren einander so ähnlich

3. _____ hat der Arzt _____ verboten.

   a Mein Vater … dem Rauchen
   b Mein Vater … des Rauchen
   c Meinem Vater … das Rauchen
   d Zu meinem Vater … die Zigaretten

4. Kennst du _____ Mädchen?

   a das lächelnde
   b die lachende
   c die gelachten
   d das gelächelnde

5. Wir warteten _____ .

   a beim gedeckter Tisch
   b am gedeckenden Tisch
   c am gedeckten Tisch
   d bei gedeckten Tisch

6. Das Auto ist nicht mehr da. _____

   a Es wird bald verkaufen.
   b Es ist schon verkauft worden.
   c Es hat schon gekauft.
   d Es wird schon lange gekauft.

7. „Warum kann der Patient nicht gehen?" – „_____."

   a Der linke Fuß wird verletzt.
   b Der rechte Fuß hatte kaputtgemacht.
   c Der Fuß war wehgetan worden.
   d Der linke Fuß ist verletzt.

8. Als die Polizei in die Wohnung kam, fand sie nur viele auf dem Boden _____ Sachen. Es war ein völliges Chaos.

   a liegende
   b gelegende
   c liegenden
   d geliegte

9. „Was täten Sie, wenn Sie mehr Zeit hätten? – „_____."

   a Ich würde mehr lesen.
   b Ich würde mehr gelesen haben.
   c Sie hätten mehr gelesen.
   d Sie täten mehr lesen.

10. Was hättest du getan, _____?

    a wenn du hättest mehr Geld
    b wenn du mehr Geld hätten würdest
    c wenn du mehr Geld gehabt hättest
    d wenn du mehr Geld würdest haben

11. Wissen Sie eigentlich, _____?

    a wann der Deutschkurs beginnt
    b wo beginnt der Deutschkurs
    c ob der Deutschkurs beginnt bald
    d wenn der Deutschkurs anfängt

12. Man kann den Wohlstand dadurch erklären, daß die Einkommen gestiegen sind. Das bedeutet:

    a Der Wohlstand ist dadurch zu erklären, daß die Einkommen gestiegen sind.
    b Die höheren Einkommen können dadurch erklären.
    c Dadurch, daß die gestiegen sind, kann man die Einkommen erklären.
    d Wir dürfen die höheren Einkommen durch den Wohlstand erklären.

13. Wir haben _____ geredet, ob sich unser Leben ändern wird.

    a darauf
    b darum
    c dahin
    d darüber

14. In der Schule hat _____ geschrieben.

    a in einem Heft sie alles
    b er alles in ein Heft
    c in einem Heft ihr alles
    d alle in einem Heft

15. Der Bundespräsident hat gesagt, daß _____ .

   a es um Arbeitsplätze gehe
   b man mehr Arbeitsplätze geben
   c viele Arbeitsplätze seien
   d es meistens ginge von Arbeitsplätzen

16. Mara und Fabienne haben gesagt, _____ .

   a sie wäre bis zum Samstag bleiben
   b sie nur bis Samstag bleiben können
   c daß sie könnte nur bis zum Wochenende bleiben
   d sie würden bis zum Wochenende bleiben

17. Louise schrieb, daß sie _____ .

   a hätte keine Zeit gehabt
   b vorige Woche keine Zeit gehabt habe
   c vorige Woche keine Zeit haben würde
   d vorige Woche keine Zeit hätte

18. Während Anna viel Geld verdient, _____ .

   a ist Michael arbeitslos
   b war Michael arbeitslos
   c hat Michael auch viel verdient
   d arbeitete Michael viel

19. Er konnte das Thema nicht zur Sprache _____ .

   a nehmen
   b sprechen
   c bringen
   d kommen

20. Die Konferenzteilnehmer haben schwer gearbeitet, _____ .

   a ohne viel zugeleistet haben
   b ohne daß viel zu leisten
   c ohne viel geleisten zu haben
   d ohne daß sie viel geleistet haben

21. Die zwei streiten immer _____ .

   a durcheinander
   b voneinander
   c miteinander
   d einander

22. Die Arbeit hat das Thema „Umweltverschmutzung". Das bedeutet:

   a Die Arbeit behandelt die Umweltverschmutzung.
   b Die Arbeit handelt sich von der Umweltverschmutzung.
   c Es handelt sich von der Arbeit „Umweltverschmutzung".
   d Die Arbeit handelt um die Umweltverschmutzung.

23. Hast du alles _____?

   a| zu analysieren gelassen
   b| analysiert gelassen
   c| analysieren lassen
   d| analysieren läßt

24. „Er wird wohl sein ganzes Geld für Bücher ausgegeben haben." – „_____"

   a| Ja, das wird vielleicht.
   b| Ja, das hat er wahrscheinlich gemacht.
   c| Ja, das wird er wahrscheinlich machen.
   d| Ja, vielleicht wird er das ausgeben.

25. „Wie war der Test?" – „_____"

   a| Schlecht. Ich habe die neuen Wörter nicht wissen.
   b| Schlecht. Ich konnte die neuen Wörter nicht haben.
   c| Schlecht. Ich habe keine neuen Wörter gekonnt.
   d| Schlecht. Ich habe die neuen Wörter nicht gekonnt.

Vielen Dank!

2.3 Antwortbogen

Einstufungstest
Antwortbogen

Bitte tragen Sie hier Ihre Antworten ein. Markieren Sie jeweils nur <u>eine</u> Lösung mit einem Kreuz.

1. Teil

1. a) ___ b) ___ c) ___ d) ___				21. a) ___ b) ___ c) ___ d) ___			
2. a) ___ b) ___ c) ___ d) ___				22. a) ___ b) ___ c) ___ d) ___			
3. a) ___ b) ___ c) ___ d) ___				23. a) ___ b) ___ c) ___ d) ___			
4. a) ___ b) ___ c) ___ d) ___				24. a) ___ b) ___ c) ___ d) ___			
5. a) ___ b) ___ c) ___ d) ___				25. a) ___ b) ___ c) ___ d) ___			
6. a) ___ b) ___ c) ___ d) ___				26. a) ___ b) ___ c) ___ d) ___			
7. a) ___ b) ___ c) ___ d) ___				27. a) ___ b) ___ c) ___ d) ___			
8. a) ___ b) ___ c) ___ d) ___				28. a) ___ b) ___ c) ___ d) ___			
9. a) ___ b) ___ c) ___ d) ___				29. a) ___ b) ___ c) ___ d) ___			
10. a) ___ b) ___ c) ___ d) ___				30. a) ___ b) ___ c) ___ d) ___			
11. a) ___ b) ___ c) ___ d) ___				31. a) ___ b) ___ c) ___ d) ___			
12. a) ___ b) ___ c) ___ d) ___				32. a) ___ b) ___ c) ___ d) ___			
13. a) ___ b) ___ c) ___ d) ___				33. a) ___ b) ___ c) ___ d) ___			
14. a) ___ b) ___ c) ___ d) ___				34. a) ___ b) ___ c) ___ d) ___			
15. a) ___ b) ___ c) ___ d) ___				35. a) ___ b) ___ c) ___ d) ___			
16. a) ___ b) ___ c) ___ d) ___				36. a) ___ b) ___ c) ___ d) ___			
17. a) ___ b) ___ c) ___ d) ___				37. a) ___ b) ___ c) ___ d) ___			
18. a) ___ b) ___ c) ___ d) ___				38. a) ___ b) ___ c) ___ d) ___			
19. a) ___ b) ___ c) ___ d) ___				39. a) ___ b) ___ c) ___ d) ___			
20. a) ___ b) ___ c) ___ d) ___				40. a) ___ b) ___ c) ___ d) ___			

Punkte 1. Teil _____

2. Teil

1. a) ___ b) ___ c) ___ d) ___				14. a) ___ b) ___ c) ___ d) ___			
2. a) ___ b) ___ c) ___ d) ___				15. a) ___ b) ___ c) ___ d) ___			
3. a) ___ b) ___ c) ___ d) ___				16. a) ___ b) ___ c) ___ d) ___			
4. a) ___ b) ___ c) ___ d) ___				17. a) ___ b) ___ c) ___ d) ___			
5. a) ___ b) ___ c) ___ d) ___				18. a) ___ b) ___ c) ___ d) ___			
6. a) ___ b) ___ c) ___ d) ___				19. a) ___ b) ___ c) ___ d) ___			
7. a) ___ b) ___ c) ___ d) ___				20. a) ___ b) ___ c) ___ d) ___			
8. a) ___ b) ___ c) ___ d) ___				21. a) ___ b) ___ c) ___ d) ___			
9. a) ___ b) ___ c) ___ d) ___				22. a) ___ b) ___ c) ___ d) ___			
10. a) ___ b) ___ c) ___ d) ___				23. a) ___ b) ___ c) ___ d) ___			
11. a) ___ b) ___ c) ___ d) ___				24. a) ___ b) ___ c) ___ d) ___			
12. a) ___ b) ___ c) ___ d) ___				25. a) ___ b) ___ c) ___ d) ___			
13. a) ___ b) ___ c) ___ d) ___							

Punkte 2. Teil _____

2.4 Auswertungsbogen

Einstufungstest
Antwortbogen/Auswertungsbogen

1. Teil

1. a) ___ b) ___ c) _X_ d) ___
2. a) _X_ b) ___ c) ___ d) ___
3. a) ___ b) ___ c) _X_ d) ___
4. a) ___ b) _X_ c) ___ d) ___
5. a) ___ b) ___ c) _X_ d) ___
6. a) _X_ b) ___ c) ___ d) ___
7. a) ___ b) _X_ c) ___ d) ___
8. a) ___ b) _X_ c) ___ d) ___
9. a) _X_ b) ___ c) ___ d) ___
10. a) ___ b) _X_ c) ___ d) ___
11. a) _X_ b) ___ c) ___ d) ___
12. a) ___ b) ___ c) ___ d) _X_
13. a) ___ b) ___ c) _X_ d) ___
14. a) ___ b) ___ c) _X_ d) ___

15. a) ___ b) ___ c) _X_ d) ___
16. a) ___ b) ___ c) ___ d) _X_
17. a) ___ b) ___ c) ___ d) _X_
18. a) _X_ b) ___ c) ___ d) ___
19. a) _X_ b) ___ c) ___ d) ___
20. a) ___ b) ___ c) _X_ d) ___
21. a) ___ b) ___ c) ___ d) _X_
22. a) ___ b) _X_ c) ___ d) ___
23. a) ___ b) ___ c) _X_ d) ___
24. a) ___ b) _X_ c) ___ d) ___
25. a) ___ b) _X_ c) ___ d) ___
26. a) ___ b) _X_ c) ___ d) ___
27. a) ___ b) _X_ c) ___ d) ___
28. a) ___ b) ___ c) _X_ d) ___

29. a) ___ b) ___ c) ___ d) _X_
30. a) _X_ b) ___ c) ___ d) ___
31. a) ___ b) ___ c) _X_ d) ___
32. a) ___ b) ___ c) _X_ d) ___
33. a) ___ b) ___ c) ___ d) _X_
34. a) ___ b) _X_ c) ___ d) ___
35. a) ___ b) ___ c) ___ d) _X_
36. a) _X_ b) ___ c) ___ d) ___
37. a) ___ b) ___ c) ___ d) _X_
38. a) _X_ b) ___ c) ___ d) ___
39. a) ___ b) ___ c) ___ d) _X_
40. a) _X_ b) ___ c) ___ d) ___

Auswertung

0–11 Fehler: Auswertung im 2. Teil fortsetzen.
12–40 Fehler: Deutsch 1/1A (Auswertung hier beenden). s. S. 9.

Zur Absicherung und bei Grenzfällen können verschiedene Schreibaufgaben gegeben oder Interviews gemacht werden.

2. Teil

1. a) ___ b) _X_ c) ___ d) ___
2. a) ___ b) ___ c) _X_ d) ___
3. a) ___ b) ___ c) _X_ d) ___
4. a) _X_ b) ___ c) ___ d) ___
5. a) ___ b) ___ c) _X_ d) ___
6. a) ___ b) _X_ c) ___ d) ___
7. a) ___ b) ___ c) ___ d) _X_
8. a) _X_ b) ___ c) ___ d) ___
9. a) _X_ b) ___ c) ___ d) ___

10. a) ___ b) ___ c) _X_ d) ___
11. a) _X_ b) ___ c) ___ d) ___
12. a) _X_ b) ___ c) ___ d) ___
13. a) ___ b) ___ c) ___ d) _X_
14. a) ___ b) _X_ c) ___ d) ___
15. a) _X_ b) ___ c) ___ d) ___
16. a) ___ b) ___ c) ___ d) _X_
17. a) ___ b) _X_ c) ___ d) ___
18. a) _X_ b) ___ c) ___ d) ___

19. a) ___ b) ___ c) _X_ d) ___
20. a) ___ b) ___ c) ___ d) _X_
21. a) ___ b) ___ c) _X_ d) ___
22. a) _X_ b) ___ c) ___ d) ___
23. a) ___ b) ___ c) _X_ d) ___
24. a) ___ b) _X_ c) ___ d) ___
25. a) ___ b) ___ c) ___ d) _X_

Auswertung:

0–4 Fehler: Deutsch 3/2A oder „höherer" Kurs

Zur Absicherung und bei Grenzfällen können Schreibaufgaben gegeben oder Interviews gemacht werden. Sehr gute Lerner: Deutsch 4.

5–19 Fehler: Deutsch 2/1A
20–25 Fehler: Deutsch 1/1A, wenn 10 oder mehr Fehler in Teil 1
        Deutsch 2/1A, wenn 0–9 Fehler in Teil 1. s. S. 9.

3. Tests

3.1 Grundstufe Deutsch 1A

Kapitel 1/Kapitel 2

A Hören

1. *Wer sagt was? Schreiben Sie.*   DA Neu 1A 1.2

2. *Wie geht's?*   DA Neu 1A 2A1
   Was ist richtig? Was ist falsch?

	richtig	falsch
1. Herr Miller trinkt Bier.		
2. Frau Puente trinkt Bier.		
3. Frau Puente kommt aus Bristol.		
4. Frau Puente spricht Englisch.		
5. Herr Miller spricht Deutsch.		
6. Herr Miller fragt: „Trinken Sie auch ein Bier?"		
7. Frau Puente sagt: „Lieber eine Limonade."		

3. *Auskunft*
   Ergänzen Sie.

○ Auskunft _____. Grüß Gott.

● _____ die _____ von Willi Decher _____ Kirtorf.

○ Wie, _____ _____ der Ort?

● _____. Das wird geschrieben Karl – Ida – Richard – Theodor – Otto – _____ – Friedrich.

○ ....

● Kirtorf.

○ Wo ist das in der Nähe?

● In Hessen. Ich _____ nochmal: _____ – _____ – _____ – _____ – _____ – _____ – _____. Kirtorf.

○ _____ _____ der Teilnehmer?

● _____ Decher.

○ Decher _____ _____ am Anfang, ja?

● Dora, _____.

○ Die _____, Moment mal, ___ – ___ – ___ – ___ – ___.

● ___ – 6 – ___ – ___ – ___.

○ Und die _____: ___ – ___ – ___.

● ___ – ___ – ___. Herzlichen _____. Auf _____.

○ _____ _____.

B Wortschatz/Strukturen

Was ist richtig? Kreuzen Sie an.

1.   „_____ ist Ihre Adresse bitte?"

a	Was
b	Wer
c	Da
d	Wie

2.   Herr Dupont ist Franzose. Er _____.

a	kommt vor Frankreich
b	kommt aus Frankreich
c	kommen aus Frankenreich
d	ist vom Frankreich

3. „Anna ist mein _____."

a Vornahme
b Vornamen
c Vorname
d Namen

4. „_____, wie ist Ihr Name?"

a Verzeihung
b Verziehung
c Entschuldigen
d Entschuldige

5. „Mein Name ist Barbieri." – „_____, ich heiße Müller."

a Freut mich
b Verzeihung
c Freut Sie
d Freut Frau Barbieri

6. Alexandra K. kommt aus Griechenland. Sie ist _____.

a Grieche
b Griechen
c Griecherin
d Griechin

7. „Ich heiße Abramczyck." – „_____"

a Wie schreiben das?
b Wie schrieben die?
c Wie heißt man das?
d Wie schreibt man das?

8. Josefine T. ist Vietnamesin. _____ ist Krankenschwester.

a Sie
b Er
c Jetzt
d Arbeit

9. „_____?" – „Vorwahl: 069 für Frankfurt, Rufnummer: 527369."

a Wie ist die Nummer von Willi Decher?
b Wie bitte die Nummer von Willi Decher?
c Wie hat die Rufnummer von Willi Decher?
d Was die Nummer von Will Decher, bitte?

10. Pierre du Maurier _____ Französisch.

a spreche
b sprecht
c spricht
d schpricht

11. „_____, Frau Puente?" – „Ja. Ich bin Spanierin."

    a Sprechst du Spanisch
    b Sprechen Sie Spanisch
    c Sprichst du Spanisch
    d Sprichen Sie Spanisch

12. Er _____ Deutsch.

    a heißen
    b verstehen
    c hießt
    d versteht

13. „_____ Sie auch ein Bier?" – „Nein, danke.
    Ich _____ lieber eine Cola."

    a Trinken ... nehme
    b Trinke ... trinke
    c Trinkt ... nehmt
    d Trinken ... trinken

14. Er ist _____ Ford.

    a Arbeiter bei
    b Arbeiterin bei
    c Arbeiten für
    d Arbeiter in

15. *Ergänzen Sie!*

1. Miza Lim kommt _____ Korea. Sie studiert D_____ in Bielefeld.

2. Esko Jokela sp_____ Finnisch. Er i_____ Diplomat und l_____ schon lange in Bonn.

3. Mustafa Benhallam i_____ M_____. Er i_____ Arzt. Jetzt ar_____ er _____ Berlin.

4. Alexandra Karidakis w_____ schon 15 Ja_____ in München. Sie kommt a_____

   Gr_____ und sp_____ Griechisch.

5. Florence Vrignaud i_____ Do_____. „Mein Freund ist D_____", sagt sie.

6. Herr Önal ist Ar_____ bei Ford. Er k_____ aus d_____ Türkei. Er l_____ allein. Die Familie ist

   da_____ in d_____ Tür_____.

7. John Wilson w_____ in Hannover. Er ist erst zwei Mo_____ in Deutschland.

8. Josefine Truc aus V_____ ist Kr_____. Sie sagt: „Deutschland ist schön, aber

   k_____. Die Menschen sind fr_____."

C Schreiben

1. *Orthographie*
   Schreiben Sie die Wörter.

Beispiel: Guten Ta⓪

0	*Tag*		
1			
2			
3			
4			
5			
6			
7			
8		9	

Ich h①ße Geiges.

Das ist F② Barbieri

aus Ital③.

Fr④t mich.

M⑤ Name ist Müller.

Verz⑥hung, wie ist

Ihr N⑦e?

A⑧ W⑨dersehen.

2. *Was ist hier falsch?*
   Schreiben Sie richtig.

D

Der deutschkurs hat zwölf Teilnemer. sie komen aus Brasilien, Frankreich, Japan, Italien, Australien, Spanien, Kanada und den USA. Her Wolf ist der Lerer. Er is nischt da. Er ist krang.

_____

_____

_____

_____

_____

D Dialogübungen

1. „Sprechen Sie auch Italienisch?" – „Nein, leider nicht."
   Ordnen Sie zu.

1	Wie geht es Ihnen?	a	Nein, aus London.
2	Was trinken Sie?	b	Gut, danke, und Ihnen?
3	Woher kommen Sie?	c	Ja bitte.
4	Das ist Frau Barbieri aus Italien.	d	Leider nicht. Nur Deutsch.
5	Wie ist Ihre Adresse?	e	Ich weiß nicht. Vielleicht Herr Schmidt.
6	Wer ist das da?	f	Freut mich. Ich heiße Müller.
7	Verzeihung, wie ist Ihr Name?	g	Beethovenstraße 12.
8	Trinken Sie auch ein Bier?	h	Ich heiße Puente.
9	Sprechen Sie auch Englisch?	i	Aus Kanada, aus Montreal.
10	Sie kommen aus Bristol?	j	Eine Limonade bitte.

1	2	3	4	5	6	7	8	9	10

2. *Guten Abend*
   Schreiben Sie!

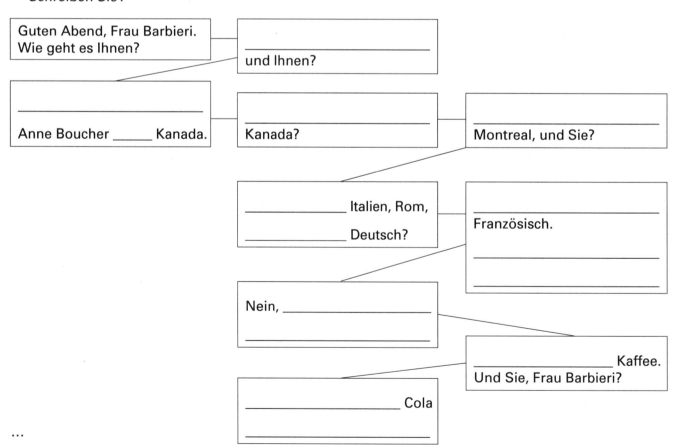

Guten Abend, Frau Barbieri. Wie geht es Ihnen?

_____ und Ihnen?

Anne Boucher _____ Kanada.

_____ Kanada?

Montreal, und Sie?

_____ Italien, Rom,
_____ Deutsch?

Französisch.
_____

Nein, _____
_____

_____ Kaffee.
Und Sie, Frau Barbieri?

_____ Cola
_____

...

Kapitel 3

A Hören

1. *Die Miete ist sehr hoch.*
   Hören Sie den Text. Machen Sie Notizen und geben Sie eine Antwort.   DA Neu 1A 3A5 ⟩ 📼

1. Was ist Regine Klein von Beruf?   _____

2. Warum arbeitet sie jetzt nicht?   _____

3. Wie alt ist Andrea?   _____

4. Was braucht die Familie?   _____

5. Wie ist die Wohnung?   _____

6. Was kostet 1350.– DM im Monat?   _____

7. Wieviel brauchen sie zum Leben, Essen, Trinken …?   _____

8. Warum sagt sie „es geht uns gut"?   _____

2. *Der Gast*
   Hören Sie und ergänzen Sie.   DA Neu 1A 3A7 ⟩ 📼

○ Sie sind _____ _____.

● Danke!

○ Was _____ Sie?

● Ich _____ _____ …

○ Ein _____?

● Oh, das ist _____ _____!

○ Nein, nein! _____ ein Texas-Steak und _____ _____?

● Ja, _____.

○ Zuerst _____ _____?

● Nein, _____ _____.

○ Und _____ trinken _____? Ein _____?

● _____ ein _____.

○ Ein _____???

B Wortschatz/Strukturen

Was ist richtig? Kreuzen Sie an.

1. „Ich möchte _____ , bitte."

   a ein Hamburger
   b eine Hamburger
   c einen Hamburger
   d Hamburgers

2. Ich trinke _____ .

   a ein Kaffee
   b einen Kaffee
   c eine Cafe
   d einen Cafe

3. „Ich nehme _____ ."

   a ein Käsebrot und eine Bratwurst
   b eine Käsebrot und eine Bratwürste
   c einen Käsebrot und einen Bratwurst
   d Käsebröte und Bratwürste

4. Herr Lang _____ .

   a schreibt ein Brief
   b schreibt einen Brief
   c schreibt eine Brief
   d schreiben einen Brief

5. Michael Wolter ist dick und faul. Er _____ viel.

   a schläfe
   b schlafft
   c schlaffe
   d schläft

6. Gabi ist krank. _____

   a Ihr Kopf tut weh.
   b Ihre Bauch tut weh.
   c Ihrer Fuß tut weh.
   d Ihren Arm tutet weh.

7. „Ist das ein Computer?" – „Nein, wir haben _____ .

   a kein Computer
   b nicht Computers
   c keinen Computer
   d nicht ein Computer

8. Maria fragt. Er _____ .

   a antwort
   b antwortet
   c antwortetet
   d antworte

9. „Ich habe eine Landkarte. _____ du auch eine?"

   a Habest
   b Habst
   c Hast
   d Hat

10. „Wer _____ ein Steak?"

   a nehmt
   b nehmen
   c nimmst
   d nimmt

11. Mein Freund wohnt _____.

   a in München
   b an München
   c im München
   d auf München

12. _____ sehr hoch: 1100 Mark für eine Vierzimmerwohnung.

   a Er verdient
   b Das Geld ist
   c Strom und Wasser ist
   d Die Miete ist

13. Das kostet 33,89 DM.

   a dreiunddreizig Deutschmark neunundachtzig
   b dreißig und drei D-Mark achtundneunzig
   c dreiunddreißig Mark achtundneunzig
   d dreiunddreißig (Mark) neunundachtzig

14. „Sind Sie Polizist?" – „_____"

   a Ja, ich arbeite für die Post.
   b Nein, ich bin Diplomat.
   c Ja, ich komme aus Polen.
   d Nein, nicht genug.

15. „Guten Tag, was möchten Sie bitte?" – „_____"

   a Ja, bitte!
   b Nein, lieber eine Tasse Tee!
   c Nein, danke, leider heute nicht.
   d Ein Paar Würstchen mit Brot.

16. „Haben Sie einen Ausweis?" – „_____"

   a Nein, das ist eine Cola!
   b Ja, ich trinke gern Weißbier.
   c Nein, der ist zu Hause.
   d Nein, ich habe keinen Hunger.

C Schreiben

1. *Orthographie*
   Schreiben Sie die Wörter.

Beispiel: H⓪te ist Sonntag.

Familie Lang und Familie Wolter m① Picknick.

D② Tag ist sehr schön und w③, die Sonne

sch④. Frau Wolter m⑤ das Essen. Sie hat

Wurst und K⑥, Butter, Milch, Eier, Brot

und Bier. Herr Lang arbeitet. Er sch⑦

einen Br⑧. Michael Wolter scr⑨. Er ist

d⑩ und faul. Stephan Lang sp⑪

F⑫ ball. Seine Schwester Anna h⑬ Radio.

Aber Gabi Wolter ist zu Hause. Sie ist k⑭;

ihr Kopf t⑮ weh.

0	Heute		
1			
2		3	
4		5	
6			
7			
8		9	
10		11	
12		13	
14			
15			

2. *Schreiben Sie.*

Ich   wir   wer   ?   du   ?   Sie   nehmen   kaufen   essen   möchte   trinken

A: Möchtest du eine Suppe?
B: ...

3. *Was ist das? Antworten Sie.*

Muster: Nr. 5: Ist das ein Kuli? – Nein, das ist kein Kuli. Das ist ein Füller.

Nr. 4: Ist das ein Stuhl?

_____

_____

Nr. 7: Ist das ein Heft?

_____

_____

Nr. 9: Ist das eine Tasche?

_____

_____

Nr. 10: Ist das ein Radierer?

_____

_____

Nr. 15: Ist das ein Tonbandgerät?

_____

_____

Wie heißt Nr. 6 auf deutsch? – Das heißt _____.

Wie heißt Nr. 8 auf deutsch? – Das heißt _____.

4. *Familie Wolter im Park*

Antworten Sie und schreiben Sie!

Heute ist Sonntag ...

1. Was ist heute?

2. Wer ist im Park?

3. Wie ist der Tag?

4. Was macht die Mutter?

5. Wer schreibt einen Brief?

6. Was macht Michael Wolter?

7. Was macht Susanne?

8. Wer ist auch im Park?

9. Was macht er/sie?

D Dialogübungen

1. *Haben Sie einen Parkschein?*

Machen Sie einen Dialog.

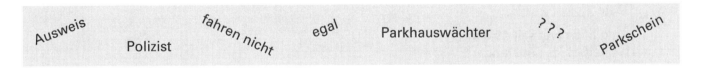

Ausweis   Polizist   fahren nicht   egal   Parkhauswächter   ? ? ?   Parkschein

2. *Obst und Gemüse*
   Sie sind im Geschäft und kaufen ein: Obst und Gemüse für das Picknick vom Deutschkurs (19 Perso-
   nen). Leider ist alles sehr teuer …
   Machen Sie einen Dialog (Verkäuferin, Kunde und Kundin).

Kapitel 4

A Lesen

1. *Gäste in der Bundesrepublik*

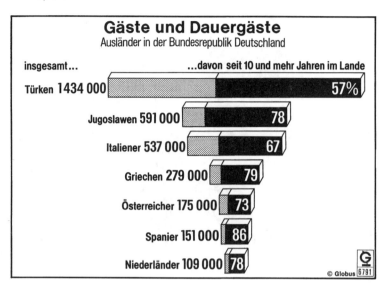

Was ist richtig? Kreuzen Sie an.

1. In der Bundesrepublik Deutschland leben _____ .

   a einhundertneuntausend Niederländer
   b einhundertfünfzigtausend Spanier
   c einhundertsiebenundfünfzigtausend Österreicher

2. Aus der Türkei kommen _____ .

   a 57% Ausländer
   b 14 Millionen und 34 Tausend Gäste
   c fast eineinhalb Millionen Gäste

3. Gäste _____ .

   a gibt es erst seit 10 Jahren
   b heißt hier „Ausländer"
   c sind siebenundsechzig Prozent Italiener

2. *Vornamen*

   Lesen Sie die folgenden Vornamen und die Erklärungen:

Anika	russische und bulgarische Kurzform von Anna
Anita	italienische und spanische Kurzform von Anna
Anja	slawische Kurzform von Anna
Annika	schwedische Form von Anna
Barbara	griechisch: die Fremde
Esther	hebräisch: der Stern
Fatima	arabisch: Name der jüngsten Tochter Mohammeds
Halina	polnische Form von Helene
Ilona	ungarischer Name für Helene
Imogen	englischer Vorname: Tochter, Mädchen
Indira	indischer Vorname
Kerima	türkischer Vorname
Kirsten	niederdeutsche und skandinavische Kurzform von Christine
Laila	finnischer Vorname
Meret	schweizerische Kurzform von Emerentia
Mitsou	japanischer Vorname
Naja	grönländisch: kleine Schwester
Ninja	spanisch: die Kleine
Saskia	niederländischer Vorname
Yasmin	aus dem Persischen: Name einer duftenden Pflanze
Zdenka	tschechische Form von Sidonia

Was ist richtig? Kreuzen Sie an.

1. Wie viele Namen fangen mit I an?

   a ein Name
   b zwei Namen
   c drei Namen
   d kein Name

2. Formen von „Anna" lesen Sie _____.

   a einmal
   b zweimal
   c viermal
   d dreimal

3. „Kleine Schwester" heißt „Naja" _____.

   a auf deutsch
   b in Spanien
   c in Grönland
   d oder „Anja"

4. Und wie ist Ihr Vorname?

3. *ratiopharm*

Was ist richtig? Kreuzen Sie an.

1 ratiopharm _____.

  a ist nur gegen Husten
  b ist gegen Husten, Fieber und Halsschmerzen
  c ist nur eine Tablette

2. a ratiopharm-Balsam kostet sehr viel (einundfünfzig Mark).
    b Nur Husten- und Fieber-Saft heißen „ratiopharm".
    c ratiopharm-Produkte sind billig.

4. *Sprachkurs: Deutsch – warum nicht?*

Sprachkurs: Deutsch – warum nicht?

Autorin:
Herrad Meese

Produktion:
Deutsche Welle, Deutschlandfunk, Goethe-Institut, Inter Nationes.

Beschreibung:
Der Radiosprachkurs „Deutsch – warum nicht?"
ist ein Anfängerkurs und besteht aus 4 Serien zu
je 26 Folgen. Die Kompaktkassetten enthalten
den deutschen Dialog. Das Begleitbuch, in dem
der Dialog, grammatische Erklärungen und
Übungen abgedruckt sind, ist zur Zeit in folgenden Fremdsprachen erhältlich:

Albanisch, amerikanisch, arabisch, bengali, brasilianisch, bulgarisch, chinesisch, dänisch, dari, englisch, französisch, griechisch, indonesisch, italienisch, japanisch, kisuaheli, mazedonisch, niederländisch, norwegisch, paschtu, persisch, portugiesisch, polnisch, rumänisch, russisch, schwedisch, slowakisch, slowenisch, spanisch, tschechisch, türkisch, ungarisch.

Einsatzmöglichkeit:
Anfängerunterricht im Fach Deutsch als Fremdsprache.

Was ist richtig? Kreuzen Sie an.

1. „Sprachkurs: Deutsch warum nicht?" _____.

  a gibt es nicht
  b ist ein Kurs für Anfänger
  c ist ein Dänischkurs

2. Die Autorin _____.

  a spricht 32 Fremdsprachen
  b fragt „warum nicht?"
  c heißt Herrad Meese

3. a Der Kurs hat Bücher und Kassetten.
    b Der Kurs hat keine grammatischen Erklärungen.
    c Die Video-Kassetten gibt es in vielen Sprachen.

5. *Haushaltsgeld*

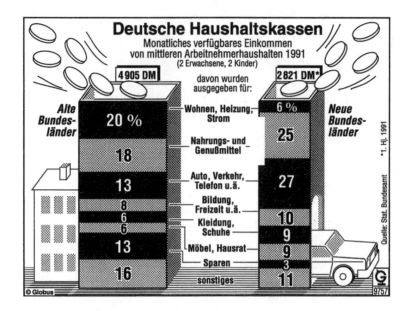

Was ist richtig? Kreuzen Sie an.

1.   1991 hat ein Haushalt in den alten Bundesländern _____ Einkommen.

          a   viertausendneunhundertundfünf Mark
          b   neunundvierzigtausendundfünf Mark
          c   viertausendundneunhundertundfünf Mark

2.   In den neuen Bundesländern kosten _____ im Monat 9%.

          a   Schule, Sport usw.
          b   Lebensmittel
          c   Pullover, Hemden, Hosen, Schuhe usw.

3.   Fahrtkosten, Autokosten und Postkosten sind in den alten Bundesländern _____.

          a   18% im Monat
          b   13% im Monat
          c   4905.– DM insgesamt

B Hören

1. *Was fehlt Ihnen denn?*
    Was sagt der Arzt? Hören Sie das Gespräch und ergänzen Sie.

DA Neu 1A 4A2 >

Herr Fischer hat Fieber und Schmerzen, er ist krank.

○ Na, was _____?

● Mein Hals tut weh.

○ Aha, der _____!

   Ja, Ihr _____!

● AAAAA!!!

○ Tut _____?

_____?

● Ja.

○ _____?

● Etwas.

○ _____ Angina Lacunaris.

● Wie bitte?

○ _____ Entzündung. – _____?

● Ja, das Ohr links.

○ _____?

● Nein, erst zwei Tage.

Was braucht Herr Fischer?

C Wortschatz/Strukturen

Was ist richtig? Kreuzen Sie an.

1.   _____ sind schön !

   a Die Fotoen
   b Die Fotos
   c Die Foten
   d Die Foton

2.   Meine Wohnung hat zwei _____.

   a Zimmer
   b Zimmers
   c Zimmern
   d Zimmere

3.   Anna ist ein Bücherwurm. Das bedeutet:

   a Sie liest viele Bücher.
   b Sie lest viele Bücher.
   c Sie list immer Bücher.
   d Sie leset immer Bücher.

4.   _____ sind blau.

   a Die Augen
   b Die Lipper
   c Die Füß
   d Die Haaren

5.   Wo sind _____?

     a   die Stühle
     b   die Tischen
     c   die Schranke
     d   die Lampe

6.   Frau Schmidt kauft drei _____.

     a   Tomate
     b   Radiergummi
     c   Gläser
     d   Doses

7.   Irmgard und Angelina sind _____.

     a   Studentinnen
     b   Studentinne
     c   Students
     d   Studentinen

8.   Alle _____ sind geschlossen.

     a   Toren
     b   Türs
     c   Türen
     d   Türer

9.   _____ von heute haben ganz andere Interessen als früher.

     a   Die Mädchens
     b   Mädchenen
     c   Mädchen
     d   Die Mädchene

10.   Wann _____?

     a   fängt an der Unterricht
     b   der Unterricht fängt an
     c   fängt der Unterricht an
     d   anfängt der Unterricht

11.   Wo kauft Frau Braun _____?

     a   aus
     b   ein
     c   an
     d   ver

12.   Er _____ die Freundin ein.

     a   ladt
     b   laden
     c   lädt
     d   lät

13. Was _____?

   a bringt mit sie heute?
   b mitbringt sie heute?
   c bringt heute Sie mit?
   d bringt sie heute mit?

14. _____ er an?

   a Wen ruft
   b Wer rieft
   c Wen rufet
   d Wer ruft

15. Der Vater _____ die Briefe _____ .

   a kleben … zu
   b zu … kleben
   c klebt … zu
   d zuklebt

16. „Igitt", sagt die Mutter, „_____!"

   a werf weg das bitte
   b wirf das bitte weg
   c bitte wegwerfen das
   d werfe bitte das weg

17. Gestern _____ Herr Schmidt krank.

   a ist
   b was
   c wart
   d war

18. Wo _____ ihr gestern?

   a ward
   b wart
   c warst
   d war

19. Der Großvater erzählt: „1908 _____ ich Bäcker."

   a ware
   b war
   c wart
   d was

20. In der Nacht _____ .

   a hatte das Kind Angst
   b habte das Kind Angst
   c hattet das Kind Angst
   d habtet das Kind Angst

21. _____ ihr letzte Woche Urlaub?

    a | Hatten
    b | Habtet
    c | Hatte
    d | Hattet

22. Er war Politiker, aber _____ keinen Erfolg.

    a | er habte
    b | er hate
    c | er hatte
    d | er hattet

D Schreiben

1. *Orthographie*
   Ergänzen Sie.

Wie w ⓪ es früher?

Das ① 1908. Herr Etzin war der ②.

L ③ seine Frau und seine K ④.

(Sein ⑤ Karl ⑥ heute 88.)

Das ⑦ war im Souterrain, im ⑧.

Da war die ⑨ billig und es war kühl.

Etzins ⑩ noch keinen ⑪.

Wie ⑫ war ⑬ ein Glas Milch? Wie teuer

⑭ es heute?

0	war		
1		2	
3		4	
5		6	
7		8	
9			
10		11	
12		13	
14			

2. *Ergänzen Sie!*

Maria ist allein. Es ist Samstagabend. Sie möchte ins Theater gehen. Sie r *uft* Johanna a *n*. „Möch-

test du ins Theater gehen?" fragt sie. „Es f_____ um 20 Uhr a__." Aber Johanna hat kein Geld. „Macht

nichts", sagt Maria, „ich l_____ dich e___." „Oh, das ist sehr schön", sagt Johanna. „Ich k_____

gern mit."

3. *Beim Augenarzt*

Schreiben Sie.

	Singular	Plural
1.	Arm	_____
2.	Auge	_____
3.	Mund	_____
4.	Hals	_____
5.	Bauch	_____
6.	Nase	_____
7.	Fuß	_____
8.	Hand	_____
9.	Ohr	_____
10.	_____	_____
11.	_____	_____
12.	_____	_____
13.	_____	_____

E Dialogübungen

1. *Was fehlt Ihnen denn?*

Sie sind krank. Sie haben Fieber, Ohrenschmerzen und Husten. Alles tut weh – die Brust, der Hals, der Bauch, …
Sie gehen zu Doktor Müller …
Machen Sie einen Dialog!

Doktor Müller: *Was fehlt Ihnen denn?*

Ich: _____

Doktor Müller: _____

Ich: _____

Doktor Müller: _____

Ich:

Doktor Müller: _____

Ich: _____

Doktor Müller: _____

Ich: _____

Doktor Müller: _____

Ich: _____

Doktor Müller: Nehmen Sie die T_____ dreimal täglich. Die sind gut

gegen _____.

Ich: Vielen Dank, Herr Doktor.

2. *Eine Lebensgeschichte*
Früher waren Sie Schüler. Sie hatten viel Zeit, wenig Hausaufgaben, kein Auto, kein Haus. Sie waren
glücklich. Dann waren Sie Musiker. Sie hatten Erfolg. Aber dann hatten Sie Pech. Jetzt ist alles weg.

Erzählen Sie.

Früher war ich Schüler. Ich hatte viel Zeit ...

Kapitel 5

A Hören

1. *Zugfahrt*
Hören Sie das Gespräch? Was sagt der Mann? Ergänzen Sie.

DA Neu 1A 5AÜ3

_____ – Fast sechs Stunden.

_____ – Um halb acht am Bahnhof.

_____ – Nein, das ist zu spät!!

_____ – Um sieben Uhr fünfzig.

_____ – Aber wir haben noch keine Fahrkarten!

_____ – Also gut, zwanzig vor acht – pünktlich!

_____ – Jetzt ist es zweiundzwanzig Minuten vor elf.

_____ – Kaputt? Ich ruf' dich an – wann?

_____ – Das ist zu spät!

_____ – Nein, ich rufe um sieben an!

_____ – Nimm eine Schlaftablette! Bis morgen!

2. *Zugauskunft*   DA Neu 1A 5AÜ3
   Ist der Satz richtig oder falsch?
   Hören Sie das Gespräch. Kreuzen Sie an.

	richtig	falsch
1. Der Junge möchte nach Amersfoort.		
2. Der Zug fährt um 16 Uhr 2.		
3. In Hannover ist es jetzt 14 Uhr 4.		
4. Er kann nicht direkt fahren.		
5. Die Fahrkarte kostet 134,80 DM.		

3. *Messe*   DA Neu 1A 5A4
   Hören Sie den Text und ergänzen Sie.

○ Ich _____ ein H_____. Ich möchte –

● _____ _____?

○ Ja, können Sie –

● _____ nicht. Alle _____ sind _____.

○ Nur für eine _____!

● Wir _____ noch eine _____ in Kelkheim.

○ Kelkheim?

● _____ _____ _____ bis zur Messe. Sie _____ ____ ____ ____ fahren.

○ Gut. Wie ist ____ _____?

● Sie können _____ _____. Hier ist die _____: _____ / _____.

4. *Termin beim Zahnarzt*   DA Neu 1A 5A6
   Lesen Sie den Text. Hören Sie dann das Gespräch.

Frau Petersen ruft einen Zahnarzt an. Sie hat einen Termin für heute nachmittag. Er ist um 14 Uhr 30. Sie kann aber heute nicht kommen. Ihre Tochter ist krank. Sie möchte am Donnerstag vormittag einen neuen Termin, aber dann ist leider nichts frei. Sie bekommt einen Termin am Donnerstag, den 17., um 15 Uhr.

Welche Information ist anders im Gespräch? Unterstreichen Sie.

B Wortschatz/Strukturen

Was ist richtig? Kreuzen Sie an.

1. _____ Sie bitte gleich anrufen?

    a Könne
    b Könnet
    c Können
    d Kannst

2. _____ Yvonne mit dem Bus _____?

    a Können ... fahren
    b Fahren ... können
    c Fährt ... kann
    d Kann ... fahren

3. Was _____ Sie? Eine Cola oder einen Apfelsaft?

    a kann
    b möchte
    c muß
    d möchten

4. Ich _____ Herrn Ma. Er ist sehr lustig.

    a mag
    b möge
    c mögen
    d mage

5. Klaus _____ Spaghetti.

    a könne
    b möchte
    c mögt
    d kann

6. „_____" – „Um 9.02 Uhr."

    a Wann treffen wir uns?
    b Um wann treffen wir uns?
    c Wenn treffen wir uns?
    d Wieviel Stunden treffen wir uns?

7. „Wieviel Uhr ist es?" – „_____"

    a Es ist um 10 Uhr.
    b Es sind 10 Stunden.
    c Es ist 10 Uhren.
    d Es ist 10 Uhr.

8. „Wie lange fahrt ihr?" – „_____"

    a Fast vier Uhren.
    b Fast sieben Kilometers.
    c Fast sieben Stunden.
    d Fast zu spät.

9. „Wann fangen die Ferien an?" – „_____"

    a Am Juni 24.
    b Um 24. Juni.
    c Am 24. Juni.
    d Im 24. Juni.

10. „Haben Sie einen Termin für mich?" – „_____"

    a Am Dienstag, den 23.
    b Um den 23. am Dienstag.
    c Um Dienstag am 23.
    d Um 23. Juni, am Dienstag.

11. „Der Zug fährt nach Berlin." – „Verzeihung, _____?"

    a wohin fährt der Zug
    b wonach fährt der Zug
    c woher fährt der Zug
    d wo fährt der Zug

12. Herr und Frau Schröder kommen vom Flughafen.

    a Wohin kommen sie?
    b Wonach kommen sie?
    c Was kommen sie?
    d Woher kommen sie?

13. Christa Dirr _____.

    a ist Dolmetscherin
    b ist eine Übersetzung
    c hat Dolmetscherin
    d geht Dolmetscherin

14. „Die Kinder haben jetzt Sommerferien." – „_____"

    a Wann dauern die Ferien?
    b Wie spät dauern die Ferien?
    c Wieviel dauern die Ferien?
    d Wie lange dauern die Ferien?

15. Der Bus fährt _____.

    a um 7.50 h
    b in zwei Uhren
    c nach dem Bahnhof
    d 2 Uhr ab.

16. „Herr Sanchez spricht leider kein Deutsch." – „_____"

    a Wo kommt er?
    b Woher kommt er?
    c Wohin ist er?
    d Wonach geht er?

C Schreiben

1. *Orthographie*
   Ergänzen Sie.

Ich ⓪ sofort Hilfe.	

0	*brauche*		
1			
2		3	
4			
5		6	
7		8	
9		10	
11			
12			
13		14	
15			

Herr Gröner ① eine Autopanne – er braucht Hilfe.

Er ist sehr in ②. ③ 19 Uhr hat er eine

Konferenz in Düsseldorf. Jetzt ist es kurz ④ 17 Uhr!

Herr Gröner ⑤ eine Autowerkstatt, ⑥ die ist

schon zu. Der Meister ⑦, er ⑧ am nächsten

Morgen; ⑨ ist der Motor kaputt. – Das ⑩ nicht

so schnell. Der Meister ⑪ Adresse und

Telefonnummer von Herrn Gröner auf. Dann ⑫

er ein ⑬. Herr Gröner ⑭ mit dem Taxi

⑮ Düsseldorf.

2. *Schulferien*

Schulferien	Frühjahr Ostern	Himmelfahrt Pfingsten	Sommer	Herbst	Winter Weihnachten
Baden-Württemberg	13. 4. – 25. 4.	1. 6. – 5. 6.	2. 7. – 15. 8.	26. 10. – 30. 10.	23. 12. – 5. 1.
Bayern	13. 4. – 25. 4.	9. 6. – 20. 6.	30. 7. – 14. 9.	—	23. 12. – 9. 1.
Berlin	4. 4. – 25. 4.	6. 6. – 9. 6.	25. 6. – 8. 8.	2. 10. – 10. 10.	23. 12. – 6. 1.
Brandenburg	14. 4. – 16. 4.	5. 6. – 9. 6.	29. 6. – 7. 8.	5. 10. – 10. 10.	23. 12. – 6. 1.
Bremen	1. 4. – 21. 4.	—	25. 6. – 8. 8.	5. 10. – 13. 10.	23. 12. – 6. 1.
Hamburg*	16. 4. – 21. 4.	29. 5.	18. 6. – 1. 8.	5. 10. – 17. 10.	21. 12. – 2. 1.
Hessen	3. 4. – 22. 4.	—	22. 6. – 31. 7.	5. 10. – 16. 10.	23. 12. – 8. 1.
Mecklenburg-Vorpommern	15. 4. – 21. 4.	5. 6. – 9. 6.	13. 7. – 21. 8.	12. 10. – 17. 10.	23. 12. – 2. 1.
Niedersachsen	1. 4. – 21. 4.	6. 6. – 9. 6.	25. 6. – 5. 8.	28. 9. – 5. 8.	23. 12. – 6. 1.
Nordrhein-Westfalen	6. 4. – 25. 4.	9. 6.	16. 7. – 29. 8.	19. 10. – 24. 10.	23. 12. – 6. 1.
Rheinland-Pfalz	6. 4. – 25. 4.	9. 6.	23. 7. – 2. 9.	19. 10. – 24. 10.	23. 12. – 9. 1.
Saarland	13. 4. – 27. 4.	—	23. 7. – 5. 9.	26. 10. – 31. 10.	21. 12. – 6. 1.
Sachsen	16. 4. – 24. 4.	4. 6. – 9. 6.	6. 7. – 14. 8.	15. 10. – 24. 10.	23. 12. – 6. 1.
Sachsen-Anhalt	13. 4. – 21. 4.	4. 6. – 10. 6.	20. 7. – 28. 8.	19. 10. – 23. 10.	22. 12. – 5. 1.
Schleswig-Holstein	9. 4. – 25. 4.	—	18. 6. – 1. 8.	5. 10. – 17. 10.	23. 12. – 7. 1.
Thüringen	13. 4. – 16. 4.	5. 6. – 9. 6.	13. 7. – 21. 8.	19. 10. – 24. 10.	23. 12. – 2. 1.
Jeweils **erster** und **letzter** Ferientag		* Frühjahrsferien: 9. 3. – 21. 3.		Stand: Februar – ohne Gewähr	

Beantworten Sie die Fragen.

1. Wann haben die Schüler in Sachsen-Anhalt Winterferien?

   Sie haben vom 22. 12. bis 5. 1. Winterferien.

2. Wann beginnen die Sommerferien in Berlin?

3. Wann beginnen die Weihnachtsferien im Saarland und wie lange dauern sie?

_____

4. Wann haben die Kinder in Bayern Pfingstferien?

_____

5. Wie lange dauern die Herbstferien in Berlin?

_____

6. Wann haben Sie denn Ferien? (Im Frühjahr, Sommer, Herbst, und Winter.)

_____

_____

_____

3. *Zeitplan*

Briefe schreiben   ein Termin beim Arzt   einkaufen gehen   Kaffee/Tee trinken

Musik hören   schlafen gehen   Hausaufgaben machen   Buch lesen   Freund/Freundin anrufen   Deutschkurs

...?   eine Konferenz haben

Machen Sie einen Plan.

1. *Um 9 Uhr mit Paula frühstücken.*

2. _____

3. _____

4. _____

5. _____

6. _____

7. _____

8. _____

... _____

D Dialogsituationen

1. *Flugplan*

Abflug Frankfurt/Main		Ankunft Rio de Janeiro
Mo u. Do	22.30 Uhr	7.40 Uhr
Di, Fre–So	22.15 Uhr	8.15 Uhr

Abflug Rio de Janeiro		Ankunft Frankfurt/Main
Di	17.25 Uhr	11.50 Uhr
Mi u. Do	19.40 Uhr	11.50 Uhr
Fre	17.20 Uhr	12.25 Uhr
Sa	21.40 Uhr	14.30 Uhr
So	16.20 Uhr	08.30 Uhr

Flugpreise für Hin- und Rückflug		
Business Class	(ohne zeitliche Beschränkung)	7558,– DM
Spartarif 1	(Aufenthalt 7 Tage)	5869,– DM
Spartarif 2	(Aufenthalt 14 Tage)	2565,– DM
Spartarif 3	(Aufenthalt 7–31 Tage)	1850,– DM

Situation: Im Reisebüro.
Kaufen Sie ein Ticket nach Rio, hin und zurück. Spielen Sie den Dialog.
Rollen: Kunde, Verkäuferin.

2. *Autopanne*
   Sie haben einen Termin um 15 Uhr. Es ist schon 14.30 Uhr und Sie haben eine Autopanne (so ein Pech!). Zum Glück finden Sie eine Autowerkstatt.
   Machen Sie bitte einen Dialog. Was sagen Sie, was sagt der Meister?

○ _____   ● Ja, das ist Pech.

○ _____   ● Natürlich. Was ist denn kaputt?

○ _____   ● Gut, rufen Sie in 2 Stunden an.

_____

○ _____   ● So schnell geht das leider nicht.

_____

○ _____   ● Tut mir leid. Das geht jetzt nicht. Es ist schon halb drei.

_____

○ _____   ● Ich rufe ein Taxi, und dann fahren Sie weiter.

_____

○ _____   ● Das weiß ich nicht. Rufen Sie dann an.

_____   _____

○ _____   ● _____

○ _____   ● _____

Kapitel 6

A Hören

1. *Herr Rasch*
   Hören Sie das Gespräch. Ergänzen Sie.

DA Neu 1A 6A1

○ Da sind Sie ja endlich, Herr Rasch! Was _____ Sie denn den ganzen _____ gemacht?

Ich _____ Sie heute morgen um neun Uhr zu Meinke und Co. _____, und jetzt ist es

_____!!

● Ja, also … um neun Uhr, da _____ _____ _____ . Ich war erst um zehn Uhr da. _____

_____ _____ _____ _____ gewartet; Herr Meinke _____ _____ _____

_____ .

○ Und dann?

● _____

_____

– und jetzt bin ich wieder hier. ...

2. *Freitag, der 13.*
   Hören Sie, was Peter sagt. Machen Sie Notizen und beantworten Sie die Fragen.

DA Neu 1A 6A6

1. Was hat Peter um 8 Uhr gemacht?

_____

2. Wo war er von acht bis halb neun?

_____

3. Wann hat er Frühstück gemacht?

_____

4. Wie war das Frühstück?

_____

5. Für wen hat er etwas gekauft? Was hat er gekauft?

_____

B Wortschatz/Strukturen

Was ist richtig? Kreuzen Sie an.

1. Gestern _____ Andreas Abendessen _____ .

   a | macht ... kochen
   b | hat ... machen
   c | ist ... kochen
   d | hat ... gemacht

2. Herr Rodrigez und Frau Lewis _____ auf der Party _____ .

   a | hat ... geflirtet
   b | haben ... getrefft
   c | sind ... gesehen
   d | haben ... geflirtet

3. _____ ihr etwas _____?

   a | Seid ... gehört
   b | Habt ... gehört
   c | Habt ... gehöret
   d | Seid ... gehöret

4. Wir haben Tante Anni _____ .

   a | besuchen
   b | gebesucht
   c | begesucht
   d | besucht

5. Mein Freund hat mir etwas _____ .

   a | erzählt
   b | geerzählt
   c | erzählen
   d | ergezählt

6. Natascha _____ sich in den Finger _____ .

   a | _____ ... geschneidet
   b | _____ ... geschneiden
   c | hat ... geschnitten
   d | hat ... geschnittet

7. Akira _____ mit dem Bus _____ .

   a | ist ... gefahren
   b | ist ... gefahrt
   c | hat ... gefahrt
   d | hat ... gefahren

8. Ich bin um 8 Uhr _____ .

   a | aufstanden
   b | aufstandet
   c | aufgestanden
   d | geaufstanden

9. Wir sind einmal in München _____.

   a gewest
   b geseint
   c gewesen
   d gesein

10. _____ ihr gestern ins Theater _____?

   a Sind … gegangen
   b Seid … gewesen
   c Sind … gewesen
   d Seid … gegangen

11. Mein Geld _____ ich _____.

   a habe … verlieren
   b habte … verloren
   c habe … verliert
   d habe … verloren

12. Wo hast du das _____?

   a gefindet
   b gefinden
   c gefunden
   d gefanden

13. „Hat er mit dir telefoniert?" – „Ja, _____."

   a er hat mich angerufen
   b er hat mich geanrufen
   c er hat mich geanruft
   d er hat mich angeruft

14. Ellen hat im Supermarkt _____.

   a einkauftet
   b geeinkauft
   c eingekauft
   d eingekauftet

15. Sie hat alles _____.

   a mitgenehmen
   b gemitnommen
   c mitgenahmen
   d mitgenommen

16. Robbi hat den ganzen Tag _____.

   a fotografiert
   b gefotografiert
   c fotogegrafiert
   d fotofiert

C Schreiben

1. *Orthographie: Der Einbrecher und Frau Gieseke*
   Der Polizeicomputer ist kaputt. So schreibt er die Information über den Einbruch.
   Bitte korrigieren Sie.

Der Hcreeibrne (1) ist um Mitternacht durch das Estnref (2) ins Zimmer Nogkeemm (3). Frau Gieseke hat ein Reshäugc (4) gehört. Sie ist ins Wohnzimmer gggeenna (5). Der Einbrecher hatte die Schublade chtemagfau (6) und Äurmgetsau (7/. Frau Gieseke hat ihn gftrega (8): „Was machen Sie hier?" und er hat wtroetegnat (9): „Ich suche die Sßrtahhfnobae" (10) Nr. 9. Frau Gieseke hat einen Fafeek (11) gemacht und hat die Eiizlop (12) gerufen.

1. _____	7. _____
2. _____	8. _____
3. _____	9. _____
4. _____	10. _____
5. _____	11. _____
6. _____	12. _____

2. *Was hat Ingrid diese Woche gemacht?*

Montag	Dienstag	Mittwoch	Donnerstag	Freitag
URLAUB!!! besuchen schlafen Zeitungen anrufen	Stadt fahren mit Ulli Eis essen / Kaffee Kino (Schwarzenegger: Heimat Österreich)	Max Restaurant ?	Schwimmen einkaufen Briefe → THEATER	Hamburg Wiebke ???

Schreiben Sie.

Diese Woche hatte Ingrid Urlaub. Sie hat viel gemacht. Am Montag ...

3. *Sonderangebote*

Spargelzeit

Franz./Span.
Spargel
Kl. II
500-g-Bund

4,99

... und dazu die leckersten
Schinken- Spezialitäten

Original
Parma-Schinken
eine Spezialität
100 g

3,99

Delikateß-
Grillsaftschinken
mild geraucht
100 g

1,79

Orig. Böttcher
Edelrollschinken
handgerollt und mild
geraucht
100 g

1,99

Westfälischer
Saftschinken
200-g-SB-
Packung

2,99

Ital. Speise-
Frühkartoffeln
Sorte „Spunta", Kl. I,
vorwiegend festkochend
1,5-kg-
Beutel

2,49

85er Soave Classico
Superiore D.O.C.
0,7-Ltr.-
Flasche

3,99

Aktuelle Frische

Schweine-Schnitzel,
Schinkenbraten oder
Schinken-Rollbraten
saftig und mager, je 1 kg

7,99

Argentinisches
Hüftsteak
besonders zart
und würzig
100 g

1,99

Spießbraten
vom Schweinekamm.
herzhaft gewürzt
1 kg

8,99

Cordon bleu
vom Schwein,
bratfertig gewürzt
100 g

1,29

Frische Poularde
HKl. A
1 kg

5,99

Sie wollen heute im Supermarkt einkaufen. Sie haben aber nur 50 Mark. Machen Sie bitte eine genaue Liste mit Mengen und Preisen.

Zum Beispiel: 1 Pfund Butter   DM 3,98

4. *Verloren!*
   Sie haben Pech gehabt. Sie haben Ihren Ausweis verloren … gesucht … Polizei … Am nächsten Tag hat ihn aber eine Frau gefunden. Schreiben Sie bitte in Ihr Tagebuch. Was ist passiert?

_____ tag, der _____

Zuerst _____

Dann _____

Danach _____

Schließlich _____

Auf einmal _____

Zum Schluß _____

D Dialogsituationen

1. *Der Einbrecher*
   Situation: Ein Einbrecher ist gestern Nacht in die Wohnung gekommen. (Hilfe!) Was ist passiert? Was hat er gemacht? Was haben Sie gemacht? Erzählen Sie.

2. *Bei der Chefin*
   Situation: Sie kommen zu spät zur Arbeit. Die Chefin ist böse, sehr böse. Machen Sie einen Dialog.

erst um 3 da   Konferenz   gewartet   Mittagessen   Papiere geholt   zum Bahnhof gefahren   Briefe diktiert

Und was haben Sie wirklich gemacht? Erzählen Sie.

Kapitel 7

A Hören

1. *Wo ist das Rathaus?*   DA Neu 1A 7A2
   Was sagt der Mann? Ergänzen Sie.

Wir sind hier und das Rathaus ist _____.

Ihr müßt hier _____.

Und dann _____.

Ungefähr 200 _____ Seite.

B Wortschatz/Strukturen

Was ist richtig? Kreuzen Sie an.

1. Er wirft den Ball _____ das Fenster.

    a durch
    b für
    c am
    d von

2. Georg arbeitet _____ seinen Vater.

    a am
    b für
    c bis
    d von

3. Er hat kein Geld. Jetzt steht er da _____.

    a ohne Geld
    b gegen Geld
    c durch Geld
    d mit Geld

4. Das Milchgeschäft ist _____.

    a an die Ecke
    b um die Ecke
    c neben die Ecke
    d ohne der Ecke

5. „Wie weit fahren wir?" – „_____"

    a Gegen Nürnberg.
    b An Würzburg.
    c Zum Hannover.
    d Bis Göttingen.

6. „Wohin geht sie?" – „_____"

    a Zur Arzt.
    b Zum Arzt.
    c Beim Arzt.
    d Vom Arzt.

7. Die Kinder sind _____.

    a in die Schule
    b in der Schule
    c nach der Schule
    d nach die Schule

8. In den Ferien fahren wir _____.

    a nach Türkei
    b in der Türkei
    c nach der Türkei
    d in die Türkei

9. „Woher kommt der Mechaniker?" – „_____"

    a Aus der Werkstatt.
    b Auf der Werkstatt.
    c Aus die Werkstatt.
    d Von die Werkstatt.

10. „Wohin stellt sie die Vase?" – „_____"

    a Hinter dem Tisch.
    b Auf den Tisch.
    c Auf dem Tisch.
    d An den Tisch.

11. Die Lampe steht _____.

    a zwischen die Bücher
    b zwischen den Büchern
    c zwischen der Buche
    d zwischen den Bücher

12. „_____ geht er?" – „Auf die Post."

    a Wohin
    b Wo
    c Wie
    d Woher

13. „_____ steht das Haus?" – „In München."

    a Woher
    b Wohin
    c Wo
    d Wer

14. „_____ hast du das Geld?" – „Von meiner Mutter."

    a Von wem
    b Wo
    c Wohin
    d Wer

15. „Wo ist der Fotoapparat?" – „Ich glaube, _____."

    a sie liegt auf dem Sofa
    b es liegt auf das Sofa
    c er liegt auf dem Sofa
    d er liegt auf das Sofa

16. „... und die Zigaretten?" – „Ich glaube, _____."

    a sie liegt auf dem Tisch
    b sie liegen auf den Tisch
    c sie liegen hinter der Lampe
    d sie legen auf der Lampe

17. _____ der Schrank neben dem Regal?

a	Stehen
b	Liegt
c	Steht
d	Sind

18. Wohnt Herr Petersen _____?

a	auf den 2. Stock
b	im 2. Stock
c	über das 3. Stockwerk
d	in das Erdgeschoß

19. „Wohin tun Sie die Gläser?" – „_____."

a	In den Schrank
b	Ims Regal
c	Im Spülbecken
d	In der Küche

20. Wo ist die ganze Familie?

a	In das Wohnzimmer.
b	Vor das Haus.
c	Bei Fernseher.
d	Am Mittagstisch.

C Schreiben

1. *Orthographie*
   Schreiben Sie die Wörter.

Der Mann hat s ⓪ Auto nicht ver ① t. Er war

zuerst auf dem A ② , dann beim TÜV, dann in

der W ③ und dann wieder auf d ④ Automarkt -

das war ein T ⑤ . Der TÜV war a ⑥ . Also ist

er zum TÜV gef ⑦ ; da war eine Riesen ⑧ .

Zwei St ⑨ hat er gewartet. Er hat den ⑩ test

nicht gemacht. Den macht man in der ⑪ statt.

Zum Glück hat man den Test da gl ⑫ gemacht.

Dann hat er das P ⑬ beim TÜV gezeigt, hat

b ⑭ und ist wieder zum Automarkt gefahren.

0	*sein*	1	
2			
3		4	
5		6	
7		8	
9		10	
11			
12			
13			
14			

2. *Was ist denn hier los?*

Was hat Frau Rohrmüller falsch gemacht? Schreiben Sie.

1. _Sie hat den Fisch hinter das Bild gesteckt_

2. _____

3. _____

4. _____

5. _____

6. _____

7. _____

8. _____

3. *Unordnung*

Schreiben Sie.

Wie sieht es denn hier aus?

Die Lampe liegt zwischen den Sesseln. Sie soll doch ans Fenster!
Der Tisch _____

_____

_____

_____

Und wo liegen denn die Bücher? Und die Kissen? _____

_____

_____

_____

_____

4. *Wohin?*
   Machen Sie eine Liste mit wichtigen Adressen.
   Wohin geht man in Deutschland, wenn

1. das Auto kaputt ist? _____

2. man Schmerzen hat? _____

3. man einkaufen muß? _____

4. man einen Film sehen möchte? _____

5. man ein billiges Auto kaufen möchte? _____

6. man wegfliegen möchte? _____

7. man Briefmarken kaufen möchte? _____

8. man Informationen braucht? _____

9. man mit dem Zug fahren möchte? _____

10. man Deutsch lernen möchte? _____ *Zum Deutschkurs / in die Schule* _____

5. *Auto zu verkaufen*
   Sie haben ein Auto und möchten es verkaufen. Schreiben Sie eine Annonce für die Zeitung.

Anzeigen-Bestellschein „Gesucht & Gefunden"
Absender

Name		Vorname		Straße
			Der Betrag	☐ liegt als Verrechnungsscheck bei
PLZ Ort		Telefon		☐ soll abgebucht werden bei:
Kto.-Nr.		BLZ		Bank

Gewünschte Rubrik

☐ Verkäufe (keine Immob.) ☐ Tiermarkt ☐ Unterrichtgesuche
☐ Kaufgesuche ☐ Mitfahrten ☐ Sag's mit der AZ
☐ Stellengesuche ☐ Verschiedenes ☐ Vereine/Gruppen

Achtung! Sie erhalten keine Rechnung Betrag muß bar oder durch Abbuchung gezahlt werden. Textänderungen vorbehalten.

Preis																	
DM 3,50																	
DM 7,—																	
DM 10,50																	
DM 14,—																	
DM 17,50																	
DM 21,—																	
DM 24,50																	
DM 28,—																	

Bitte deutlich schreiben. Chiffre-Nr. wird als zusätzliche Zeile gerechnet. Zwischen den Worten jeweils ein Kästchen freilassen. Preise: je Anzeigenzeile DM 3.50.

Bei Chiffreanzeigen bitte ankreuzen.
☐ gegen Abholung DM 3,-* ☐ bei Postzustellung DM 9,-

Gleich abschicken an: Verlag DIE ABENDZEITUNG - „Gesucht & Gefunden" - Sendlinger Straße 79 - 80331 München

D Dialogsituationen

1. *Wie komme ich zu ...?*

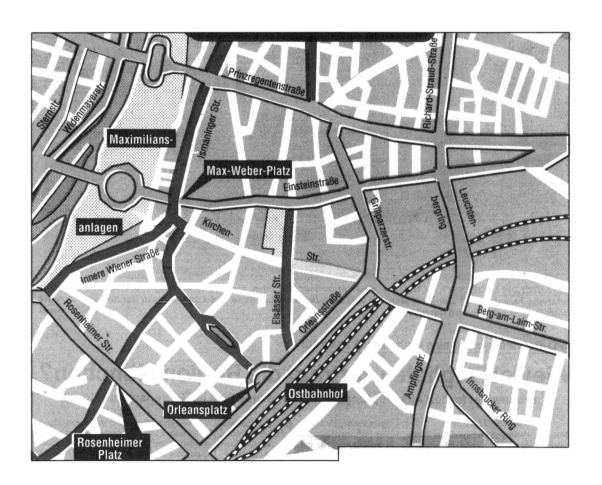

a) ○ Entschuldigen Sie bitte.
   Wie komme ich zum Max-Weber-Platz?

   ● Ja, warten Sie mal... Wir sind hier an der Kreuzung Berg-am-Laim- Straße/Leuchtenbergring. Hier

   ist so viel Verkehr! Fahren Sie _____

   _____

   _____

   _____

   _____

   ○ Und wie komme ich von da ins Zentrum?

   ● In die Innenstadt? Kein Problem. Nehmen Sie einfach die U-Bahn.

   ○ Vielen Dank. Das ist sehr nett.

b) *Alfons Baumgartner ist Reiseleiter in München. Er kennt die Stadt sehr gut. Wir haben ihn gefragt: „Herr Baumgartner, wie kommt man denn zu Fuß schnell vom Max-Weber-Platz zum Ostbahnhof?" Was, glauben Sie, hat er geantwortet? Angefangen hat er so: „Also, das ist nicht schwer:*

   _____

   _____

   _____

   _____

   _____

   _____

   Und der Ostbahnhof _____."

c) ○ Entschuldigung, wie komme ich von hier schnell zur Widenmayerstraße?

   ● Zeigen Sie mal die Karte! ...

   ○ Hier. Wir sind jetzt hier in der Orleansstraße …

   ● …. Ecke Elsässer Straße. Okay, gehen _____

   _____

Und wo in der Widenmayerstraße?

○ Hausnummer 47a.

● Die kenne ich nicht. Da müssen Sie dann nochmal fragen.

○ _____

Kapitel 8

A Lesen

1. *Kino-Programm*

Die Elisenhofkinos
Prielmayerstraße 1/I, Telefon 557540

15.30 **BERNARD & BIANCA IM KÄNGURUH-LAND** 15. Wo./ab 6 J.
17.30 **HAPPY BIRTHDAY, TÜRKE!** 11.Wo./ ab 16 J „ Doris Dörries bester Film " SZ
20.00 **FRANKIE & JOHNNY** 14. Wo./ab 12 J. mit Al Pacino und Michelle Pfeiffer
22.30 **BOYZ'N THE HOOD** 8. Wo./ab 16 J. von John Singleton. Mit Ice Cube. AZ 30°
15.45 **MY GIRL** - Meine erste Liebe 11.Wo/ab 6 J.
17.45 **DIE SCHÖNE QUERULANTIN** - DIVERTIMENTO 11. Wo./ab 6 J., von Jacques Rivette, dt. 2-Std.-Fassung
20.15 **HERR OBER!** 8. Wo./ab 6 J. von u. mit Gerhard Polt.
„ Der Film ist wirklich gut" AZ 30°
22.15 **THELMA & LOUISE** ab 16 J. mit Susan Sarandon u. Geena Davis.
16.00 Jack Londons **WOLFSBLUT** 20. Wo./ ab 6 J.
18.00 **ALLEIN UNTER FRAUEN** 19. Wo./ab 12 J.
„ Ein königliches Vergnügen " FAZ
20.00 Gerard Depardieu ist **CYRANO VON BERGERAC** 60. Wo./ab 12 J.
22.40 **Leningrad Cowboys go America** OmU 2. Wo. von Aki Kaurismäki

---

Museum-Lichtspiele
Lilienstr. 2, Ludwigsbrücke, Tel. 482403

TÄGL. KINDERKINO FÜR ALLE DM 5.50!
15.30: **DER EISBÄRKÖNIG** - ab 0 Jahre
15.00 (Sa + So auch 13.10): W. Disney's **BERNARD & BIANCA IM KÄNGURUHLAND**
14.15 (Sa + So. auch 13.30): **OLIVER UND OLIVIA – ZWEI FRECHE SPATZEN** - 0 J.
14.15 (Sa. auch 13.00) **IN EINEM LAND VOR UNSERER ZEIT** - ab 0 Jahre!
Kino 1: 16.45: **HITLERJUNGE SALOMON**-dt.
19.00: **J.F.K.-TATORT DALLAS** -english
22.30: **BLUES BROTHERS**-8. Jahr-deutsch
So. 11.00: Viscontis-**TOD IN VENEDIG**-dt.
Kino 2: 16.00: **WELTREKORD - 15. Jahr!!**
THE ROCKY HORROR PICTURE SHOW
17.55 **SCHATTEN D. VERGANGENHEIT** OmU
20.10: Woody Allen - **SCHATTEN UND NEBEL** Shadows and fog - english
22.10: **HERR DER GEZEITEN** - english
So. 10.45 **DER CLUB D. TOTEN DICHTER**-dt.
Kino 3: 17.20: Reinh. Schwabenitzkys Komödie-**ILONA UND KURTI**-5.Wo.-dt.F.
19.30 + 22.20: Robert deNiro-**CAPE FEAR KAP DER ANGST** - english Version
So. 10.30 Uhr: **CAMILLE CLAUDEL**-deutsch

Werkstattkino
Fraunhoferstraße 9, Telefon 2607250

21.00 Merz Frank: **Es waren einmal sieben Simeons** (UdSSR 1989) OmU
23.00 H.P. Lovecraft's classic tale of horror: **Bride of Re-Animator** (OF)

DRIVE IN Autokino Aschheim
Münchener Straße, Telefon 907008

20.00 **Geballte Ladung**

Rio-Palast 1 + 2
Rosenheimer Platz, Telefon 486979

Kap der Angst 15.45, 18.00, 20.30
Schatten u. Nebel 16.00, 18.15, 20.30
My Girl, 14.15

Broadway-Kinos
Feilitzschstraße 7, Telefon 337022

14.45/17.15/20.00 Warren Beatty, Annette Bening in **BUGSY**. OmU, von Barry Levinson 2. Wo./ab 16 J. „ Ein Juwel... Entertainment in höchster Vollendung " Cinema
22.45 **DIE COMMITMENTS** OmU von Alan Parker. 23. Wo. / (s. auch Kino 2)
14.30 **OLIVER UND OLIVIA** - ZWEI FRECHE SPATZEN 7. Wo. / ab 0 J.
16.00 **DIE COMMITMENTS** OmU (s. auch Kino 1) 23. Wo./ab 12 J.
18.00/20.15/22.45 **HIGH HEELS** 2. Wo./ab 16 J. Mit Victoria Abril, Marisa Paredes, Miguel Bosé. „ Der neue Geniestreich von Pedro Almodovar " Cinema

---

Film-Casino
Odeonsplatz 8, Telefon 220818

Von und mit **WOODY ALLEN SCHATTEN UND NEBEL**
15.00, 17.00, 19.00, 21.00, Fr./Sa. a. 23.00
Sonntag 11.00 **FAUST** mit Gründgens

Studio Isabella
Neureutherstraße 29, Telefon 2718844

18.15/20.30/23 **HIGH HEELS** von P. Almodovar m. Victoria Abril, 2. Woche

---

Türkendolch
Türkenstraße 74, Telefon 2718844

16/20.30 **NIGHT ON EARTH** von Jim Jarmusch, O.m.U., 14. Woche
18.30/23.00 **Der neue Film von Aki Kaurismäki: DAS LEBEN DER BOHEME** Franz. Org.-Fassg. m. dt. Untertiteln!

Neues Rex
Agricolastraße 16, Telefon 562500

SCHTONK 18.15, 20.30

Cinema
Nymphenburger Straße 31, Tel. 555255

MONTAG + DIENSTAG = CINEMA-DAYS
Jeder Film kostet nur DM 5,50!
11.00: **Gründgens - FAUST**
15.35 + 19.35: **HERR DER GEZEITEN**
17.50: **SHADOWS AND FOG** OmU
22.10: **HIGH HEELS** span. O. m. engl. Unt.

Neues Rottmann
Rottmannstraße 15, Telefon 521683

18.15/20.30/22.45 **Der neue Film von Aki Kaurismäki: DAS LEBEN DER BOHEME**

Fantasia
Schwanthalerstraße 3, Telefon 555754

18.00 - 21.00 Uhr 4. **Wo.** (12 J.)
Barbra Streisand - Nick Nolte in **HERR DER GEZEITEN (7 Oscar-Nomin.)**
15 Uhr: **DAS WUNDERKIND TATE** 7. Wo. von und mit **Jodie Foster** (ab 6 J.)

ABC
Herzogstraße 1, Telefon 332300

15.30-17.45-20.00 Uhr 4.**Woche** (ab 12J.)
„ **Schwarzweiß-Poesie des Kinos.** " AZ
SCHATTEN UND NEBEL v. Woody Allen m. Woody Allen, Mia Farrow, John Malkovich, Jodie Foster, Madonna
22 Uhr: **NIGHT ON EARTH** v. Jim Jarmusch

Theatiner-Film
Theatinerstraße 32, Telefon 223183

15.00, 19.30 **DIE SCHÖNE QUERULANTIN (LA BELLE NOISEUSE)** OmU v. J.Rivette m. M. Piccoli, Jane Birkin, E. Béart
15.00 pünktl. Beginn m. Hauptfilm

Lupe 2
Ungererstraße 19, Telefon 347651

18.15, **DER IDIOT** m. Gérard Philipe
20.30, 2. Wo., **BONJOUR TRISTESSE**
22.45 **Wenn die Gondeln Trauer tragen**

Neues Arena Kino
Hans-Sachs-Straße 7, Telefon 2603265

17.45 **THE COMMITMENTS** - OmU (Dolby!)
20.00, 22.15 Erstaufführung:
A. Kaurismäkis **DAS LEBEN DER BOHEME**

Filmeck Gräfelfing
Im Bürgerhaus – Bahnhofspl. 1 – 851822

19.45 **HIGH HEELS** V. PEDRO ALMODOVAR

Filmmuseum
Stadtmuseum, St.-Jakobs-Platz 1

BERLINBILDER
18.00 **SUMMER IN THE CITY**, 1970, von Wim Wenders, mit Hanns Zischler, Edda Köchl und Libgart Schwarz.
21.00 **BERLIN CHAMISSOPLATZ**, 1980, von Rudolf Thome, mit Sabine Bach, Hanns Zischler und Wolfgang Kinder

---

Lateinamerikanische Filmtage 1492–1992

Gasteig, Vortragssaal (48098-614)
19.00 **Wenn die Berge erzittern**, Pamela Yates, USA/Guatemala 1983, OmU
21.00 **Tenda dos milagros**, (Basar der Wunder), N. Percira dos Santos, Brasilien 1977, O. m. engl. U.
Maxim (168721) Landshuter Allee 33
19.00 **En nombre de dios**, Patricio Guzmán, Spanien/Chile 1987, OmU
21.00 **Ava y Gabriel**, Felix de Rooy, N. de Palm, Niederlande 1990, engl. U.

Kreuzen Sie die richtige Lösung an.

1. Wo gibt es Filme für Kinder?

    a☐ Im Studio Isabella.
    b☐ In den Museum-Lichtspielen.
    c☐ Im Türkendolch.

2. Ein Auto-Kino gibt es _____ .

    a☐ in Aschheim
    b☐ in der Herzogstraße
    c☐ im Filmeck Gräfelfing

3. In den Museum-Lichtspielen kann ein Kind _____ .

    a☐ *Cape Fear* um 5 Uhr sehen
    b☐ *Blues Brothers* für 8.- DM sehen
    c☐ *Oliver und Olivia* für 5.50 DM sehen

4. „Doris Dörries bester Film" läuft _____ .

    a☐ nur in einem Kino
    b☐ in zwei Kinos
    c☐ in drei Kinos

5. Lateinamerikanische Filme in Originalfassung gibt es _____ .

    a☐ im Werkstattkino
    b☐ im Neuen Rex
    c☐ im Maxim

6. Die *Rocky Horror Picture Show* _____ .

    a☐ läuft nicht mehr
    b☐ läuft im 15. Jahr
    c☐ ist ein Weltrekord

7. Einen Film in französischer Sprache gibt es im Original mit deutschen Untertiteln _____ .

    a☐ im Rio-Palast 1
    b☐ im Theatiner-Film
    c☐ in den Broadway Kinos

2. *Werbung*

T O U C H   O F   L E M O N

Apollinaris Lemon. Aus natürlichem Mineralwasser. Mit einem Hauch Zitrone. Sonst gar nichts.
Keine Farb- und künstlichen Aromastoffe. Kein Zucker. Geschmack ohne Kalorien. Aufregend frisch.
Apollinaris Lemon. Aufregend anders.

Kreuzen Sie die richtige Lösung an.

1. Apollinaris hat _____ .

    a viele Kalorien
    b keinen Zucker
    c künstliche Aromastoffe

2. Man trinkt Apollinaris, denn _____ .

    a es macht natürlich dick
    b es hat keinen Geschmack
    c es macht frisch

3. Eine Flasche Apollinaris enthält nur _____ .

    a Farb- und Aromastoffe und 0,25 l Wasser
    b 0,25 Kalorien, sonst gar nichts
    c Mineralwasser mit Zitronengeschmack

3. Supermarkt

Homann Fleischsalat, Heringssalat
rot und weiß
Budapester Salat
je 200-g-Schale

-,99

Spargelstangen
370-ml-Dose

2,99

Bonduelle Gemüse nach Lothringer oder Bretonischer Art
je 425-ml-Dose

-,69

Melitta Alufolie
10 m x 30 cm
Frischhaltefolie
20m x 30 cm
je Packg.

1,99

Golondrina Buttermilch-Dessert
200-g-Becher

-,79

Franz. Camembert
„St. Martin", 40% Fett i. Tr.
200-g-Packung

1,99

Holl. Enten
HKl. A, bratfertig, tiefgefroren (1000 g = 4.66)
1500-g-Stück

6,99

Whiskas Katzennahrung
versch. Sorten
je 210-ml-Dose

-,79

Maunz Katzenstreu
5-kg-Packung

2,99

Deutscher Butterkäse
45% Fett i. Tr.
100 g

-,99

Franz. Weichkäse
„3 Seigneurs"
60% Fett i. Tr.
100 g

1,69

Angelo's Pizza
Schinken 350 g oder
Bolognese 300 g
tiefgefroren
je Packung

1,99

85er Bardolino oder Valpolicella Classico Superiore D.O.C.
je 0,7-Ltr.-Flasche
85er Côteaux de Languedoc A.C. rouge
1-Ltr.-Flasche
Rioja rot
0,7-Ltr.-Flasche
je

3,99

Delikateß-Dreikorn- oder Müsli-Toast
je 500-g-Packung

1,69

Löffelbisquits
400-g-Beutel

2,99

Alpia Schokolade
verschiedene Sorten
je 100-g-Tafel

-,89

Kaffee Hag
Klassische oder
Würzige Auslese
je 500-g-Vacupackung

9,49

Angelburger Aquavit
38 Vol.%
0,7-Ltr.-Flasche

11,99

Reduziert

Kupferberg Sekt
gold, rot, rosé
je 0,75-Ltr.-Flasche

6,99

Pepsi Cola
alle Sorten
je 0,33-Ltr.-Dose

-,49

Signal Zahncreme
75-ml-Tube

1,79

Scharlachberg Meisterbrand
38 Vol.%
0,7-Ltr.-Flasche

14,99

Apfelsinensaft
1-Ltr.-Flasche

1,99

Dash 3 Vollwaschmittel
phosphatfrei
3-kg-Packg.

8,99

Geranien
stehend und hängend,
starke Ware,
farblich sortiert
Topf

2,99

Tagetes
(Studentenblume)
groß- und kleinblütig
Topf ab

-,99

Fleißiges Lieschen
in verschiedenen
Farben
Topf

1,99

Fuchsien
kräftiger Wuchs,
stehend und hängend
Topf

2,99

Kreuzen Sie die richtige Lösung an.

1. Für neunundsiebzig Pfennig bekommt man _____ .

   a eine Dose Katzenfutter
   b 100 g Butterkäse
   c eine 425-ml-Dose Gemüse

2. Es gibt Kaffeepackungen _____ .

   a von Melitta für 1.99 DM
   b für 9.49 DM (500 g)
   c für sechs bis neun DM

3. Angelos Pizza _____ .

   a kostet zwei Mark neunundneunzig
   b gibt es mit oder ohne Schinken
   c gibt es in 650 g Packungen

4. Getränke gibt es _____ .

   a nur als 0,33-Liter Dose
   b in der 100-g-Dose, der 0,33-Ltr.-Dose, der 425-ml- und der 1000-ml- (1 Ltr.) -Dose oder Flasche
   c nur in Dosen oder Flaschen von 0,33 bis 1 Liter

4. *Globetrotter des Rock 'n' Roll*

Globetrotter des Rock 'n' Roll

Zwischen Alaska und Puerto Rico, Tokio und Moskau sind sie zu Hause: die Scorpions, Globetrotter des Rock 'n' Roll. Rudolf Schenker, Klaus Meine, Matthias Jabs, Francis Buchholz und Herman Rarebell exportieren seit 20 Jahren Rockmusik made in Germany.

② Es war Anfang der 70er Jahre. Englische Bands wie Led Zeppelin oder Deep Purple waren die Stars des Hard Rock.

④ Das hatte es in der Sowjetunion noch nie gegeben. Nur ein Jahr später feierten 200 000 Fans die deutsche Band beim „Moscow Peace-Festival".

③ Zu 203 Konzerten kamen über 2 Millionen Zuschauer. Ein Jahr später war Frankreich im Scorpions-Fieber. Die Ursache war die Rock-Ballade „Still Loving You" mit 1,7 Millionen verkauften Schallplatten.

⑥ Dann kamen die Scorpions aus Hannover. Lange Touren durch das europäische Ausland, fantastische Konzerte – das waren ihre Markenzeichen. Vor allem in Frankreich, später dann auch in Japan hatten die „Scorps" die treuesten Fans.

① 1979 gelang ihnen der Sprung in die USA, 1984 folgte eine Welt-Tournee.

⑤ Das Fieber steckte an: Endlich kam auch die Anerkennung in Deutschland. Nur der Osten Europas blieb verschlossen – bis 1988. Es gab zehn ausverkaufte Rockkonzerte in Leningrad.

1. *Dieser Text ist leider kaputt. Rekonstruieren Sie ihn bitte.*

   Die richtige Reihenfolge ist: ◯ ◯ ◯ ◯ ◯ ◯

2. *Wann hatten die Scorpions wo Erfolg? Ordnen Sie zu.*

Frankreich   Deutschland   Moskau   Europa   Leningrad   Japan   203 Konzerte

USA

Nach circa 1974 _____

vor 1979 _____

1979 _____

1984 _____

1985 _____

nach 1985 _____

1988 _____

1989 _____

5. *Kaufkraft*

Kaufkraft der Lohnminute
Arbeitszeitaufwand

	Mengen-einheit	1938			1958			1986		
		Preis RM	Arbeitszeit Std.	Min.	Preis DM	Arbeitszeit Std.	Min.	Preis DM	Arbeitszeit Std.	Min.
Mischbrot	1 kg	0,39	0	30	0,85	0	22	3,10	0	11
Deutsche Markenbutter	250 g	0,80	1	00	1,73	0	45	2,29	0	08
Zucker	1 kg	0,80	1	01	1,24	0	32	1,93	0	07
Vollmilch	1 l	0,23	0	17	0,43	0	11	1,21	0	04
Eier	1 St.	0,12	0	09	0,21	0	05	0,25	0	01
Rindfleisch, Kochfleisch	1 kg	1,70	2	09	4,75	2	03	10,11	0	36
Brathähnchen	1 kg	2,50	2	10	6,11	2	38	5,26	0	19
Speisekartoffeln	2,5 kg	0,23	0	17	0,56	0	14	2,34	0	08
Edamer	1 kg	2,16	2	44	3,21	1	23	12,05	0	43
Bohnenkaffee	250 g	1,32	1	40	4,85	2	05	6,24	0	22
Straßenanzug	1 St.	49,30	62	25	126,00	54	19	382,00	22	29
Damenkleid	1 St.	17,90	22	40	26,90	11	36	172,00	10	07
Damenstrümpfe	1 Paar	1,77	2	14	3,54	1	32	5,07	0	18
Herrenstraßenschuhe	1 Paar	11,74	14	52	27,10	11	41	97,50	5	44
Haushalts-Strom	1 kWh	0,19	0	14	0,18	0	05	0,30	0	01
Tageszeitung	1 Monat	2,12	2	41	4,09	1	46	19,57	1	09
Normalbenzin	1 l	0,39	0	30	0,63	0	16	1,02	0	04
Kleiderschrank	1 St.	112,00	141	46	191,00	82	20	617,00	36	19
Kühlschrank	1 St.				492,00	212	04	566,00	33	19

Berechnungsbasis: Durchschnittlicher Stundenverdienst aller Arbeiter (männlich und weiblich) in der Industrie (1986 = 16,99 DM). Quelle: Stat. Bundesamt; IW-Berechnungen.

Vergleichen Sie.

Beispiel: Eine Kilowattstunde (kWh) hat 1938 19 Pfennig (= 0,19 Reichsmark [RM]) gekostet; oder 14
Minuten Arbeit. 1986 hat sie 30 Pfennig oder 1 Minute Arbeit gekostet.

Was ist richtig? Kreuzen Sie die richtige Lösung an.

1. Ein Kilo Brot hat _____ gekostet.

    | a | 1938 dreiundneunzig Pfennig
    | b | 1938 85 Pfennig
    | c | 1986 11 Minuten Arbeit

2. 1 Liter Milch _____ .

    | a | hat 1938 null Minuten Arbeit gekostet
    | b | hat 1958 dreiundvierzig Pfennig gekostet
    | c | kann man 1986 in 4 Minuten trinken

3. 1 (St. = Stück) Straßenanzug _____ .

    | a | war 1938 <u>sehr</u> teuer
    | b | war immer billig
    | c | hat 1958 5419 Minuten Arbeit gekostet

4. Kühlschränke _____ .

    | a | gibt es schon 1938
    | b | haben 1938 nichts gekostet
    | c | haben 1986 circa 4 bis 5 Tage Arbeit gekostet

B Hören

Hören Sie das Gespräch. Ergänzen Sie.

1. *Weihnachten*

DA Neu 1A 8A5 ▷ 📼

○ _____ du _____ mal deine Geschenke?

● Da, schau!

○ _____ das alles _____? – Wahnsinn!

● Hier, sieh mal, wie _____ _____ die?

○ Hä? Was ist das?

● Knieschützer. _____ .

○ Knieschützer?? Warum Knieschützer?

● Ich hab' _____ ; und _____ .

○ Irre! Leihst _____ ?

● Ich schenk' dir einen. _____ .

○ Wahnsinn! _____ .

● Oder du links und ich rechts.

○ Noch besser!

C Wortschatz/Strukturen

Was ist richtig? Kreuzen Sie an.

1.   „Ist dieser Brief für Sie?" – „_____"

   a Nein, der ist nicht für mich.
   b Nein, der ist nicht für sie.
   c Nein, der ist nicht für euch.
   d Nein, der ist nicht für Sie.

2.   „Ist diese Postkarte für Herrn Beaumont?" – „_____"

   a Ja, die ist für ihnen.
   b Ja, die ist für ihn.
   c Ja, es ist für ihn.
   d Ja, die ist für ihm.

3.   „Sind diese Bücher für euch?" – „_____"

   a Ja, die sind für euch.
   b Ja, die sind für sie.
   c Ja, die sind für uns.
   d Ja, die sind für ihnen.

4.   „Ist dieses Geschenk für Frau Tanaka?" – „_____"

   a Ja, das ist für sie.
   b Ja, das ist für Sie.
   c Ja, das ist für ihr.
   d Ja, das ist für ihn.

5.   „Ist dieser Kaffee für mich?" – „_____"

   a Ja, der ist für dich.
   b Ja, der ist für dir.
   c Ja, der ist für mich.
   d Ja, der ist für uns.

6.   Der Lehrer kritisiert immer. Was hat er gegen _____?

   a mich
   b mir
   c ihnen
   d unser

7.   Ich brauche deine Hilfe. Ohne _____ geht es nicht.

   a du
   b Sie
   c ihr
   d dich

8. Ich habe meine Kinder immer _____ .

    | a | um mir |
    | b | bei mich |
    | c | an mich |
    | d | um mich |

9. Für _____ ist das Wurstbrot?

    | a | wem |
    | b | wer |
    | c | wen |
    | d | wessen |

10. „Gehört das Geld Frau Stankievicz?" – „_____"

    | a | Nein, das gehört ihr nicht. |
    | b | Nein, das gehört sie nicht. |
    | c | Nein, das gehört Ihnen nicht. |
    | d | Nein, das gehört ihnen nicht. |

11. „Das Gepäck gehört uns nicht." – „_____"

    | a | Doch, das gehört euch. |
    | b | Doch, das gehört uns. |
    | c | Doch, das gehört dir. |
    | d | Doch, das gehört ihnen. |

12. „Mit wem fährst du in Urlaub?" – „_____"

    | a | Mit meiner Familie. |
    | b | Mit meine Familie. |
    | c | Mit meinem Familie. |
    | d | Mit meinen Familie. |

13. „Sascha und Evelyn wohnen hier." – „_____"

    | a | Kennst du sie? |
    | b | Kennst du ihnen? |
    | c | Kennst sie du? |
    | d | Kennst du Sie? |

14. „Ihr könnt _____ gehen."

    | a | ohne mich |
    | b | ohne ihr |
    | c | ohne mir |
    | d | ohne ich |

15. Hast du etwas _____ ?

    | a | für mir |
    | b | gegen den Kindern |
    | c | für ihm |
    | d | gegen mich |

16. „Da sieh mal! Da kommt Herr Spornak!" – „_____"

      a Ach nein! Hast du ihn eingeladen?
      b Um Himmelswillen! Wer hat ihm eingeladen?
      c Das gibt's doch nicht! Er habe ich nicht eingeladen!
      d Oje! Ihn ist nicht eingeladen!

17. „Treffen wir uns am Bahnhof!" – „Entschuldigung, _____?"

      a wann treffen wir uns
      b wo
      c wohin treffen wir uns
      d wann wir uns treffen

18. Die Arbeiter sind _____ Streik.

      a ohne den
      b für den
      c mit dem
      d gegen dem

19. _____ Führerschein darf man nicht fahren.

      a Durch einen
      b Mit einem
      c Ohne einen
      d Um einen

20. Er hat seinen Job _____ bekommen.

      a von Freunde
      b mit Freunde
      c aus Freunden
      d durch Freunde

21. Er wohnt _____ seinen Eltern.

      a um
      b bei
      c für
      d zu

22. „Fährst Du allein?" – „Nein, _____!"

      a von Freunden
      b mit einer Freunden
      c ohne Freunden
      d mit Freunden

23. „Wo arbeitet Herr Pietz?" – „_____"

      a Mit Volkswagen.
      b Bei Siemens.
      c Unter Mercedes.
      d Für Lufthansa.

24. „Wann geht Ihr ins Kino?" – „ Gleich _____ ."

 a nach der Schule
 b aus der Schule
 c für den Abend
 d zum Abend

25. „Wie lange sind Sie schon hier in der Schweiz?" – „_____"

 a Seit ein Jahr.
 b Für zwei Wochen.
 c Ein Monat lang.
 d Seit 3 Tagen.

26. Er hat drei Stücke _____ gegessen.

 a aus die Kuchen
 b diese Torten
 c von dem Kuchen
 d in die Torte

27. Was kann man _____ Geld machen?

 a mit so viel
 b bei so vieles
 c für so vielem
 d zum

28. „Ist das die Arbeit von Jürgen?" – „_____"

 a Ja, das ist sein Arbeit.
 b Ja, das ist seine Arbeit.
 c Ja, das ist ihr Arbeit.
 d Ja, das ist ihre Arbeit.

29. „Ist das der Computer von deiner Mutter?" – „_____"

 a Ja, das ist ihr Computer.
 b Ja, das ist ihrer Computer.
 c Ja, das ist sein Computer.
 d Ja, das ist seiner Computer.

30. „Ist das die Wohnung von euren Eltern?" – „_____"

 a Ja, das ist eure Wohnung.
 b Ja, das ist unsre Wohnung.
 c Ja, das ist ihre Wohnung.
 d Ja, das ist Ihre Wohnung.

31. „Habt ihre eure Sachen?" – „_____"

 a Ja, eure Sachen sind da.
 b Ja, ihre Sachen sind da.
 c Nein, wir haben eure Sachen vergessen.
 d Nein, unsere Sachen sind noch nicht da.

32. Was machst du mit _____ Geld?

   a Ihr
   b deines
   c meiner
   d deinem

33. Mein Kleid paßt auch _____ .

   a meiner Freundin
   b meine Freundinnen
   c meinem Freundin
   d mein Freundin

34. Du hast doch zwei Koffer. Leihst du mir mal _____ ?

   a eine
   b einen
   c ein
   d eins

35. „Hat er zwei Taschen?" – „_____"

   a Ja, brauchst du einer?
   b Ja, brauchst du einen?
   c Ja, brauchst du eine?
   d Ja, brauchst du eins?

36. Welche Tasche gehört Ihnen?

   a Den oder den?
   b Das oder das?
   c Der oder der?
   d Die oder die?

37. Welchen Apfel möchten Sie?

   a Der oder der?
   b Den oder den?
   c Das oder das?
   d Die oder die?

38. „Der Brief ist vielleicht für Herrn und Frau Megrian." – „_____"

   a Die wohnen hier.
   b Der wohnen hier.
   c Der und die wohnt hier.
   d Die wohnt hier.

39. „Kennst du diesen Mann?" – „_____"

   a Ja, der kenne ich.
   b Nein, den nicht.
   c Nein, dem nicht.
   d Welcher Mann?

40. Sind _____ Bücher für uns?

   a dieser
   b diesen
   c dieses
   d diese

D Schreiben

1. *Orthographie*
   Schreiben Sie die Wörter.

In fast jeder W⓪ steht ein Christbaum.

W① ist das größte Fest in D② .

Der 25. und 26. Dezember sind die W③ .

Der 24. D④ ist der Heilige A⑤ .

An d⑥ Abend gehen viele Menschen in die

K⑦ , und danach feiern sie zu H⑧ .

In fast jeder Wohnung steht ein Christbaum,

g⑨ mit Kerzen, K⑩ ,

F⑪ und St⑫ . Unter dem Baum

l⑬ die G⑭ . Weihnachten ist ein großes

„Geschäft" für die G⑮ . Zu Weihnachten

gibt es L⑯ , Spekulatius, Pl⑰, Stollen

und andere S⑱ .

0	*Wohnung*		
1		2	
3			
4		5	
6			
7		8	
9		10	
11		12	
13		14	
15			
16		17	
18			

2. *Geschenke*
   Wem schenken Sie was?

Mutter   Vater   ...   Opa   Freund   Freundin   Bruder   Schwester

1. *Meiner Mutter schenke ich ein Auto.*

2. _____

3. _____

4. _____

5. _____

6. _____

7. _____

8. _____

9. _____

10. _____

3. *Brief*
   Schreiben Sie einen Brief an einen Brieffreund oder eine Brieffreundin. Was haben Sie in den Weihnachtsferien gemacht?

_____ , *den* _____

Liebe(r) _____ ,

_____

_____

_____

_____

_____

_____

_____

_____

_____

_____

_____

_____

_____

_____

Herzliche Grüße

4. *Wie feiert man Weihnachten in Ihrem Land?*
   Schreiben Sie.

E Dialogsituationen

1. *Der Lottogewinn*

Im Haus Karl-Marx-Straße 89 B hat jemand im Lotto gewonnen. Leider ist die Adresse nicht komplett.
Der Lotterie-Angestellte möchte den Brief abgeben. Aber für wen ist der Brief? Machen Sie einen Dialog.

○   *der Lotterie-Angestellte*
○○ *Frau Saremba*
●   *Sie*

○   Entschuldigung.
     Ist das Karl-Marx-Str. 89 B?

○○ _____

_____

_____

○   Für wen ist dieser Brief?

● _____

_____

○○ Was ist es denn?

○   Ein Lottogewinn.

○○ Ein Lottogewinn?

● _____

○○ _____

○ _____

_____

● _____

○ _____

○○ _____

● _____

○○ _____

○ _____   ○○ Nein, die wohnt hier allein.

● _____

○ _____

_____

2. *Grenzsituation*
   An der Grenze, Kofferkontrolle. Es ist Ihr Koffer, aber nicht alles in dem Koffer gehört Ihnen.
   Machen Sie einen Dialog.

Gehört der Koffer Ihnen?   mein   Schlafanzug   Wem gehört   Euch   Revolver   uns

Ist das Ihr ...   Anzug

3.2 Grundstufe Deutsch 1B

Kapitel 9

A Hören

1. *Was ist richtig, was ist falsch?*
   Vergleichen Sie diese Sätze mit dem Hörtext.

   DA Neu 1B 9A4

	r	f

1. Herr Veneranda möchte ins Haus.
2. Der Mann im 2. Stock wirft einen Schlüssel runter.
3. Die Haustür ist zu.
4. Der Mann will, daß Herr Veneranda die Tür aufmacht.
5. Der Mann im 1. Stock kann nicht schlafen.
6. Herr Veneranda kann nicht schreien.
7. Herr Veneranda geht ins Haus.

B Wortschatz/Strukturen

Was ist richtig? Kreuzen Sie die richtige Lösung an.

1. Was _____ du werden?

   a willest
   b willst
   c wollst
   d wills

2. Hör auf! Das _____ du nicht! Das ist verboten.

   a magst
   b darfst
   c dürfst
   d mögst

3. Ihr _____ auf dem Gehsteig parken. Das ist verboten.

   a dürft nicht
   b dürft
   c wollt nicht
   d müßt nicht

4. Bei Rot _____ man anhalten.

   a darf
   b kann
   c mag
   d muß

5. Ralf fährt nicht Fahrrad. Er _____ nicht fahrradfahren.

   a sollt
   b muß
   c kännt
   d kann

6.   Thorsten geht jetzt. Er will _____.

      a nach Hause
      b zu Hause
      c nach Heim
      d zu Heim

7.   „Ich habe meinen Autoschlüssel verloren." – „_____"

      a Dann kannst du nicht fahren.
      b Dann sollst du nicht fahren.
      c Dann magst du nicht fahren.
      d Dann willst du nicht fahren.

8.   Bei einem Krankenhaus _____.

      a muß man leise fährt
      b soll man leise sein
      c kann man leise
      d will man leise haben

9.   In der Bibliothek _____.

      a mußt man nicht essen
      b darft man nicht essen
      c nicht essen dürfen
      d darf man nicht essen

10.   „_____ wir heute abend ins Kino?" – „Nein, ihr _____ die Hausaufgaben machen."

      a Könnt ... sollt
      b Können ... mußt
      c Dürfen ... sollt
      d Dürfen ... durft

11.   Herr Papazian meint, _____.

      a daß die Nachbarn in Urlaub sind
      b die Nachbarn in Urlaub sind
      c daß sind die Nachbarn in Urlaub
      d in Urlaub daß die Nachbarn sind

12.   Louise sieht, _____.

      a das offen ist die Tür
      b daß ist die Tür offen
      c das die Tür ist offen
      d daß die Tür offen ist

13.   Nicole sagt, _____.

      a daß sie keinen Hamburger mag
      b daß sie mag keinen Hamburger
      c das keinen Hamburger sie mag
      d daß mag sie keinen Hamburger

14. Ich glaube, _____.

      a   daß sie sofort anrufen müssen
      b   daß sie sofort müssen anrufen
      c   daß anrufen müssen sie sofort
      d   daß sie anrufen sofort müssen

15. „Was sagt er?" – „_____"

      a   Daß man darf da nicht parken.
      b   Daß parken darf man da nicht.
      c   Daß man da nicht parken darf.
      d   Daß man parken da nicht darf.

16. Ich hoffe, _____.

      a   daß der Film dir gefallen
      b   daß hat der Film dir gefallen
      c   daß gefällt dir der Film
      d   daß der Film dir gefällt

C Schreiben

1. *Orthographie*
   Willi ist spät nach Hause gekommen. Er war sehr betrunken und hat eine Notiz geschrieben.

Seine Frau kann diese Notiz nicht lesen. Bitte schreiben Sie sie richtig.

2. *Zwei Personen diskutieren in der Bibliothek*
   Schreiben Sie das Gespräch!

Schreien Sie bitte nicht so!
Ich bin nicht schwerhörig!

Das war nicht Ihr Buch!

Können Sie nicht lesen?
Hier steht „Ruhe"!

Nein, das war mein Buch.
Ich habe es schon eingepackt.

Ich brauche es sofort!
Morgen muß ich …

○ Entschuldigen Sie, haben Sie mein
Buch gesehen? Es war da auf dem Tisch.

● _____

○ _____

● _____

○ _____

● _____

_____ _____

_____ _____

_____ _____

_____ _____

_____ _____

_____ _____

_____ _____

_____ _____

_____ _____

_____ _____

_____ _____

3. *Ergänzen Sie.*

A *Gernot muß viel arbeiten, aber er möchte lieber Fußball spielen. Und Sie?*

a) Ich _____ , aber _____ .

Und Ihre Eltern?

b) Sie _____ , aber _____ .

Und Ihre Freundin?

c) Sie _____ , aber _____ .

B *Was dürfen/können/müssen Sie hier (nicht) machen?*

Beispiel:

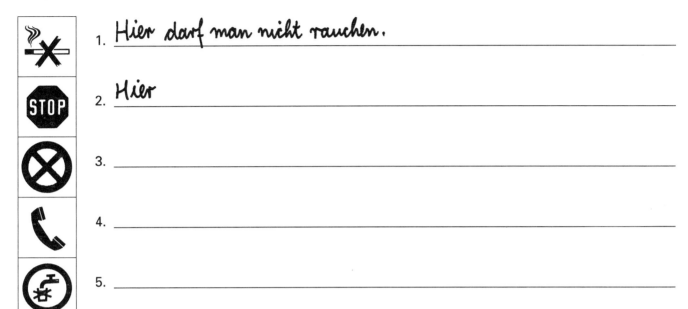

1. _Hier darf man nicht rauchen._

2. _Hier_ _____

3. _____

4. _____

5. _____

6. _____

C *Was wollen die Leute am Samstag machen?*

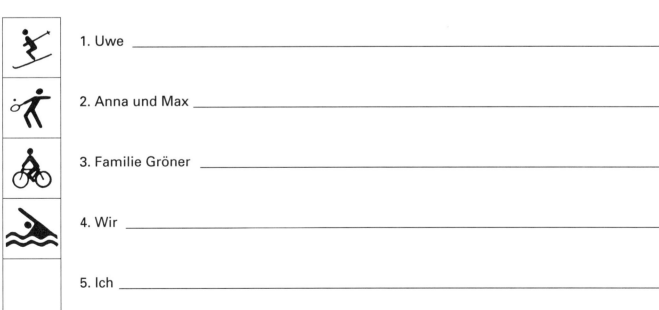

1. Uwe _____

2. Anna und Max _____

3. Familie Gröner _____

4. Wir _____

5. Ich _____

4. *Beobachtungen*
Sie wissen, was man in Deutschland (nicht) kann,
darf, soll oder muß. Schreiben Sie jetzt für die
anderen Kursteilnehmer über Ihr eigenes Land.

D Dialogsituationen

1. *Bei einer Party*

Ihr deutscher Freund hat zu viel Bier getrunken, aber er will trotzdem nach Hause fahren. Sie wollen lieber zu Fuß gehen oder ... Diskutieren Sie.

2. *Herr Ackermann hat bei Ford angerufen.*
   Berichten Sie, was er gesagt hat.

3. *Sammeln Sie Beobachtungen zu Ihrem eigenen Land.*

Sie wissen, was man in Deutschland (nicht) kann, darf, soll oder muß. Berichten Sie jetzt den anderen Kursteilnehmern über Ihr eigenes Land: Was darf, kann, soll und muß man (nicht) machen? Vergleichen Sie dann Ihre Beobachtungen

– mit Ihren Beobachtungen in Deutschland
– mit den Beobachtungen, die andere Kursteilnehmer gemacht haben.

(Siehe Übung 4 bei *Schreiben*.)

Kapitel 10

A Hören

1. *Männer*
   Hören Sie den Text und ergänzen Sie.

DA Neu 1B 10A3

Es _____ Männer, die nur _____, _____, _____. Sie _____ groß, sie

waren bärtig, _____ ,

sie nannten sich Abel, Babel und Cabel, und _____ ,

sprachen sie _____. Sie gingen und _____ ,

was sich zeigte, und sie _____ ,

was sich früher gezeigt hatte. _____

_____ ,

und wenn der eine zu Ende gesprochen hatte, sprach der zweite, und dann der dritte, _____

_____ .

Sie _____ , doch _____ ,

trugen bei sich nur, _____ lag, ...

B Wortschatz/Strukturen

Was ist richtig? Kreuzen Sie die richtige Lösung an.

1.   Als Rüdiger jung war, _____ .

   a   er wohnte in München
   b   er in München wohnte
   c   wohnte er in München
   d   in München wohnte er

2.   Gestern _____ Yvonne mehr als drei Stunden.

   a   wartete
   b   wartetet
   c   warte
   d   wartet

3.   Damals _____ nur 400 Leute im Dorf.

   a   lebte
   b   lebeten
   c   lebteten
   d   lebten

4.   Letzte Woche _____ die Kinder ein Spielhaus.

   a   bauten
   b   baun
   c   bauteten
   d   bauerten

5.   Die Bayern-Fans _____ sehr laut.

   a   sangen
   b   singten
   c   sangten
   d   sungen

6.   Gestern _____ viele Briefe.

   a   kommten
   b   kamen
   c   kamten
   d   kammen

7.   Wir _____ gestern zu Hause.

   a   blieben
   b   bleiben
   c   bleibten
   d   bliebten

8. Gestern _____ die Kinder feste Schuhe.

   a tragten
   b trugten
   c trugen
   d tragen

9. Was _____ er in dem Brief?

   a schriebte
   b schreibe
   c schreibte
   d schrieb

10. Sie _____ sofort das Haus.

    a verlaß
    b verließ
    c verließt
    d verlaßte

11. Wohin _____ die Leute gestern?

    a fuhren
    b fahrten
    c fahren
    d fuhrten

12. Sein Bein _____ ihm gestern weh.

    a tatet
    b tate
    c tat
    d tatete

13. Er _____ sich in den Finger.

    a schneidete
    b schnitt
    c schnatt
    d schneidte

14. Wie _____ das kleine Mädchen?

    a heiß
    b heißte
    c hießte
    d hieß

15. Gestern _____ ich in die Stadt.

    a müßte
    b mußt
    c mußte
    d mußtete

16. Damals _____ er nichts tun.

    a) könnte
    b) kannte
    c) konnt
    d) konnte

17. Was _____ du damals werden?

    a) wolltest
    b) willtest
    c) wollteste
    d) wollste

18. Das _____ ich damals nicht.

    a) dürfte
    b) durfte
    c) darfte
    d) durft

19. Auch im letzten Jahr _____ die Kanadier wieder mehr Bier als Wein.

    a) trinkten
    b) tranken
    c) trankten
    d) trunken

20. Mark konnte gut schwimmen. Das _____ er von seinem Vater _____.

    a) ist … gelernt
    b) war … gelernt
    c) habe … gelernt
    d) hatte … gelernt

21. Also, du _____ und wolltest dann Lehrerin werden.

    a) habt Germanistik gestudiert
    b) nachdem Germanistik studiert
    c) willst Germanistik studieren
    d) hattest Germanistik studiert

22. Sie _____ lange miteinander, nachdem sie einander zufällig _____.

    a) spricht … begegnet hatte
    b) sprachen … begegnet hatten
    c) sprachen … begegnet waren
    d) sprach … begegnet war

23. Nachdem sie den Brief _____, ging sie zur Post.

    a) geschrieben war
    b) geschrieben hat
    c) geschrieben hatte
    d) geschrieben hatte

24. Nachdem sie _____, gingen sie spazieren.

   a gegessen haben
   b gegessen hatten
   c gegessen waren
   d gegessen sind

25. _____, sprachen sie miteinander.

   a Während sie geschwommen
   b Während sie schwammen
   c Als sie schwammt
   d Während schwammen sie

26. _____, brauchen wir Ruhe.

   a Wenn wir arbeiten
   b Wenn arbeiten wir
   c Als wir arbeiteten
   d Wann wir arbeiteten

27. Die anderen lasen, _____.

   a während wir Abendessen kochen
   b während kochten wir Abendessen
   c als wir kochen Abendessen
   d während wir Abendessen kochten

28. _____, sprachen die Kinder über den Tag.

   a Nachdem sie essen
   b Während sie aßen
   c Als aßen sie
   d Wenn sie ißt

29. _____, hat sie in Indonesien gewohnt.

   a Als sie jung war
   b Wenn sie jung war
   c Wann sie jung war
   d Als war sie jung

30. _____, aß ich immer im Tomasek-Restaurant.

   a Als ich in Prag bin
   b Wann ich war in Prag
   c Nachdem ich war in Prag
   d Wenn ich in Prag war

31. _____ fuhr sie in die Stadt; _____ ging sie einkaufen.

   a Zuerst ... danach
   b Vorher ... nach
   c Als ... danach
   d Während ... dann

32. Er kaufte ein Auto, _____.

    a | das sehr alt war
    b | daß sehr alt war
    c | daß war sehr alt
    d | was war sehr alt

33. Gib mir bitte die Schere, _____.

    a | was da liegen
    b | die liegen da
    c | womit da liegt
    d | die da liegt

34. Ist das der Student, _____ du aus den Ferien kennst?

    a | der
    b | den
    c | was
    d | wer

35. Der Arzt hat gesagt: „Sie sind _____ Sie im Bett bleiben müssen".

    a | so krank, daß
    b | so hungrig, das
    c | sehr müde, daß
    d | so daß schwach

C Schreiben

1. *Orthographie: Hans im Glück*
   Schreiben Sie die Wörter.

Da k⓪ ein Mann mit ei① Schwein. Das

Schwein war g② und f③. Der Mann fr④ Hans:

„Was ist denn l⑤?" Denn Hans l⑥ am B⑦ und

stöhnte: „Die Kuh hat m⑧ getr⑨ ." „Viell⑩ ist

die Kuh sch⑪ alt?" meinte der Mann. „Du h⑫

es gut", s⑬ Hans, „so ein sch⑭, fettes Schwein

m⑮te ich auch gern haben." „Wollen wir

tauschen?" fragte der Mann. ...

0	*kam*	1			
2		3		4	
5		6		7	
8		9		10	
11		12			
13		14			
15					

2. *Lebenslauf*

LEBENSLAUF

Angaben zur Person	Helga Köcher
Geburtstag/-ort	16. September 1962, Deggendorf/Donau
Staatsangehörigkeit	deutsch
Familienstand	verheiratet, 2 Kinder
Religion	römisch-katholisch
Eltern	Karl-Heinz Köcher, Claudia Köcher, geb. Blesch
Schulbildung und berufliche Tätigkeit	1968–1972 Grundschule Deggendorf
	1972–1981 Comenius-Gymnasium Deggendorf, Abschluß: Abitur
	1981–1986 Studium der Anglistik und Sportwissenschaft an der Johann-Wolfgang-Goethe-Universität Frankfurt/Main, Staatsexamen
	1986–1987 Studienjahr in Vancouver, Kanada, an der University of British Columbia
	seit 1987 Lehrerin (Englisch und Sport) am Geschwister-Scholl-Gymnasium, Garmisch-Partenkirchen

Schreiben Sie diesen Lebenslauf in ganzen Sätzen.

Ich, Helga Köcher, bin am ...

3. *Interview mit Antek Pistole*
   Antworten Sie für Antek.

Woher kommen Sie?   _____

Wo liegt das?   _____

Was sind Sie von Beruf?   _____

Was ist das?   _____

Sind Sie stark?   _____

Wie viele Besen machen Sie
an einem Tag?   _____

Was kaufen Sie mit Ihrem Geld? _____

Warum kaufen die Leute
keine Besen mehr? _____

Was machen Sie jetzt? _____

4. *Die Sterntaler*
   Erzählen Sie dieses oder ein anderes Märchen. Schreiben Sie .

D Dialogsituationen

1. *Klaus Haase sucht einen neuen Job.*

Er möchte bei Ihnen arbeiten und ist jetzt in Ihrem Büro. Machen Sie ein Interview mit ihm.

2. *Erzählen Sie von der Geschichte Ihres eigenen Landes.*

Kapitel 11

A Hören

1. *Wie gefällt dir ...?*
   Hören Sie den Text. Was fehlt? Ergänzen Sie.

DA Neu 1B 11A2

2. *Was sagt die Frau?*
   Hören Sie den Text und ergänzen Sie.

DA Neu 1B 11A5

● Wie findest du den?

○ Nicht schlecht – _____

_____ – oder?

● Die haben mir alle nicht gefallen.

○ Was? _____ Westen! _____

_____ ...

● Ja, ich weiß. Ich habe auch viele anprobiert, blaue, graue, karierte, gestreifte. Aber die stehen mir einfach nicht!

○ _____ ...

● Doch, doch, aber wie findest du den Pullunder?

○ _____ hübsch!

_____ !

... Na? Mensch, der ist ja super – für mich!

_____ !

● Aber Westen stehen mir nicht!

○ _____ Geld?

B Wortschatz/Strukturen

Was ist richtig? Kreuzen Sie die richtige Lösung an.

1. Was für _____ Pullover möchten Sie?

a	eine
b	ein
c	einer
d	einen

2. Was für _____ Weste sucht er?

a	eine
b	einen
c	– – – – –
d	einer

3. Was für _____ Mädchen ist sie?

a	eine
b	ein
c	eines
d	einen

4. Was für _____ Typ ist das?

a	einen
b	einer
c	ein
d	eines

5. „Wie gefällt dir dieser Hut?" – „_____"

a	Welches?
b	Welchen?
c	Welcher?
d	Welch?

6. _____ Farbe gefällt Ihnen?

a	Welcher
b	Welche
c	Welchen
d	Was

7. _____ Wohnung gefällt dir besser?

   a | Welcher
   b | Was für
   c | Welches
   d | Welche

8. „Leihst du mir deine Tasche?" – „Welche?" – „_____"

   a | Die neue braunen.
   b | Die neue braune.
   c | Die neuen braunen.
   d | Die neuen braune.

9. „Welches Kleid suchst du?" – „_____"

   a | Das alte rote.
   b | Das alten roten.
   c | Den alten roten.
   d | Das altes rotes.

10. „Welchen Schal nimmst du?" – „_____"

   a | Der schönen blauen.
   b | Den schöne blaue.
   c | Den schönen blauen.
   d | Der schöne blaue.

11. Wie gefällt dir _____?

   a | meinen neuen Hut
   b | mein neuer Hut
   c | meine neue Hut
   d | mein neue Hut

12. Wie finden Sie _____?

   a | meiner neuer Mantel
   b | meinen neuen Mantel
   c | meine neue Mantel
   d | mein neuer Mantel

13. Probieren Sie mal _____!

   a | ein anderer Anzug
   b | einen anderer Anzug
   c | einen anderen Anzug
   d | einer anderer Anzug

14. „Wie gefällt dir meine neue Krawatte?" – „_____"

   a | Die ist wirklich schön!
   b | Die ist wirklich schöne!
   c | Der ist wirklich besser!
   d | Das ist wirklich schönes!

15. Sie hat das grasgrüne Fahrrad _____ .

     | a | nie schönes gefunden |
     | b | nie schöneres gefunden |
     | c | nie schön gefunden |
     | d | nie schönere gefunden |

16. Was für _____ Augen sie hat!

     | a | schön |
     | b | große |
     | c | schönen |
     | d | größe |

17. Zwei _____ Freunde sitzen am Kaffeetisch.

     | a | guten |
     | b | gute |
     | c | besser |
     | d | gut |

18. _____ Dame sucht _____ Mann.

     | a | gutaussehender ... intelligenter |
     | b | gutaussehenden ... intelligenten |
     | c | gutaussehende ... intelligenter |
     | d | gutaussehende ... intelligenten |

19. _____ Mädchen möchte _____ Partner kennenlernen.

     | a | sportliche ... dynamischen |
     | b | sportliches ... dynamischer |
     | c | sportliche ... dynamische |
     | d | sportliches ... dynamischen |

20. _____ Mann möchte sein Leben mit _____ Partnerin teilen.

     | a | Netter junger ... liebevoller |
     | b | Netter junge ... liebevolle |
     | c | Netten jungen ... liebevollen |
     | d | Netter jungen ... liebevoller |

21. Die Wohnung hat _____ Wände.

     | a | hohen |
     | b | hohe |
     | c | hoher |
     | d | hohem |

22. Ich suche eine Wohnung _____ .

     | a | mit zwei große Zimmer |
     | b | mit zwei großen Zimmern |
     | c | mit drei große Zimmern |
     | d | mit vier großen Zimmer |

C Schreiben

1. *Wohnungsanzeige*
   Sie suchen eine Wohnung in München. In der AZ können Sie eine Anzeige aufgeben. Füllen Sie den Anzeigen-Bestellschein aus.

Aktueller Vermietungsmarkt

Tel. Anzeigenaufnahme 089 / 23 77-777   + Gesucht & Gefunden

Doppelanzeige

So leicht mieten oder vermieten Sie
Zimmer oder Wohnung!
Mit der **Immo-Doppelanzeige**
Freitag/Samstag
Bequem: Tel. (0 89) 23 77-777 oder mit
dem Bestellschein!
Preiswert: Je Zeile - bei 2 x Erschei-
nen - DM 5,- (inkl. MwSt.) für Private

Abendzeitung

Anzeigen-Bestellschein
Doppelanzeige

Aktueller Vermietungsmarkt

für private Vermietungsanzeigen/Mietgesuche
(Gesucht & Gefunden)

Absender

Name	Vorname	Straße
		☐ liegt als Verrechnungsscheck bei
	Der Betrag	☐ soll abgebucht werden bei
PLZ Ort	Telefon	

Kto.-Nr	BLZ	Bank

Kreuzen Sie bitte die gewünschte Rubrik an - und wann Ihre Anzeige erscheinen soll:

Am Freitag und Samstag
(Gesamtpreis nur 5 Mark
pro Zeile inkl MwSt)

Gewünschte Rubrik

☐ Zu vermieten Wohnungen
☐ Mietgesuche
☐ Wohnungstausch

☐ Zu vermieten Hauser
☐ Zu vermieten gewerbl Raume

Achtung! Sie erhalten keine Rechnung
Betrag muß bar oder durch Abbuchung
gezahlt werden

DM 5,-

DM 10,-

DM 15,-

DM 20,-

DM 25,-

DM 30,-

DM 35,-

DM 40,-

Bitte deutlich schreiben. Chiffre-Nr. wird als zusätzliche Zeile gerechnet. Zwischen den
Worten jeweils ein Kästchen freilassen. Preise: je Anzeigenzeile DM 5 -

Bei Chiffreanzeigen bitte ankreuzen :
☐ gegen Abholung DM 3,-*   ☐ bei Postzustellung DM 9,-

Gleich abschicken an: Verlag DIE ABENDZEITUNG - „Ihre Wunschwohnung" - Sendlinger Straße 79 - 80331 München

2. *Vermietung*
   Sie suchen eine 3-Zimmer-Wohnung (Neubau) in ruhiger Lage und nicht zu teuer. Schreiben Sie das Telefongespräch.

○ Guten Tag, mein Name ist _____ . Ich habe Ihre Annonce gelesen.

● _____

○ _____

● _____

○ _____

● _____

○ _____

● _____

○ _____

● _____

○ _____

● _____

○ _____

3. *Brille verloren*
   Gestern abend waren Sie in einem Restaurant. Leider haben Sie dort Ihre Brille vergessen, und ohne Brille können Sie nicht lesen. Rufen Sie das Restaurant an, erklären Sie, was passiert ist, und fragen Sie, ob jemand die Brille gefunden hat.

○ Gasthaus Huber. Guten Tag.

● _____

○ _____

● _____

_____

_____

○ Wie sieht sie aus?

● _____

_____

○ Und wo haben Sie gesessen?

● _____

○ _____

● _____

○ Moment, ich sehe jetzt mal nach.
  Der Ober hat heute morgen eine Brille gefunden. Können Sie heute noch kommen und sie abholen?

● _____

○ _____

● _____

○ _____

● _____

4. *Heiratsanzeigen*

Sie	Er
Hamburg	**Traumfrau sucht Traummann**
Arzt, 39/1,76/72, dynamisch, erfolgreich, einfühlsam und gutaussehend, wünscht sich intelligente, attraktive, sportliche und sensible Frau bis ca. 32 J. (Bildzuschriften). ZG 1476 DIE ZEIT, Postfach 10 68 20, 20045 Hamburg	Logisch oder? Ärztin, 31/1,68, schlank, blond, attraktiv, sportlich und tolerant, aber anspruchsvoll, sucht adäquaten Partner (gerne Unternehmer), der sich eine feminine und selbstbewußte Frau, eine Lady in Jeans und Abendkleid wünscht. Jede Bildzuschrift wird beantwortet. ZC 1514 DIE ZEIT, Postfach 10 68 20, 20045 Hamburg
Weltweit	
Junge, warmherzige Frau, Nationalität und Hautfarbe gleichgültig, von Arzt als Lebenspartnerin gesucht. Bildzuschriften diskret zurück. ZS 1507 DIE ZEIT, Postfach 10 68 20, 20045 Hamburg	**Hamburg:** Frau, 42, 1,73, schlank, studiert, ganz intelligent und hübsch, ziemlich sensibel, interessiert an Menschen, Reisen und Kunst, sucht netten Mann mit Tiefgang. Zuschriften an ZP 1484 DIE ZEIT, Postfach 10 68 20, 20045 Hamburg
U t o p i e ? Gutaussehender Er, 41/1,77, schlank, sportlich, erfolgreich, vielseitig interessiert, sucht sportlich-elegante jugendliche Traumfrau. ZL 1501 DIE ZEIT, Postfach 10 68 20, 20045 Hamburg	**Kassel**
	Ich, 34 J., suche einen Mann mit Interesse an Politik, Psychologie, Religion, mit dem ich vieles unternehmen kann, z. B. reisen, wandern, ins Theater oder Kino gehen. ZS 1535 DIE ZEIT, Postfach 10 68 20, 20045 Hamburg

Schreiben Sie einen Brief an eine dieser Traumfrauen oder einen dieser Traummänner.

D Dialogsituationen

1. *Sie treffen sich mit Ihrem Traummann/Ihrer Traumfrau zum ersten Mal.
   Wie stellen Sie sich vor, was wollen Sie wissen ...?*

2. *Sie haben einen Termin in der neuen Wohnung gemacht.
   Sie sehen die Wohnung zum ersten Mal. Aber um Himmelswillen ... sie ist nicht so, wie es in der Zeitung stand.*

Kapitel 12

A Lesen

1. *Speisekarte „Gasthof Waldschlössl München"*

Suppen

Tagessuppe	2,50
Nudelsuppe	2,80
Bouillon mit Mark oder Ei	3,40
Leberknödelsuppe	3,60
Gulaschsuppe	4,20

Münchner Brotzeit

2 Weißwürste	4,40
2 Paar Wiener mit Kraut	5,50
2 Paar Schweinswürstl mit Kraut	5,90
1 Paar Regensburger mit Kraut	4,80
1 Paar Pfälzer mit Kraut	4,80
Kalter Leberkäse mit Gurke[2]	4,80
Preßsack weiß oder schwarz[2]	5,20
gem. Preßsack sauer	5,80
Bauerngeräuchertes mit Butter[2] auf Holzteller	12,80
Kalter Schweinebraten mit Gurke	11,20
Schinkenplatte garniert mit Butter[2]	11,80
Gemischter Aufschnitt mit Butter[2]	12,50
Münchner Wurstsalat[2]	6,80
Schweizer Wurstsalat[2]	7,20
Brotzeitteller[2] bunt garniert	8,40
Wurstbrot[2] mit Gurke	4,80
Schinkenbrot[2] mit Gurke	5,60
Lachsbrot garniert mit Ei[2,4]	6,60

Sämtliche Speisen und Getränke werden auch im Straßenverkauf zu ermäßigten Preisen abgegeben.

Beilagen

Port. Sauerkraut	2,80	Kartoffelsalat	3,—
Röstkartoffeln	3,20	gem. Salatteller	3,50
Teigwaren	3,—	Gurkensalat	saison-bedingt
Pommes frites	3,40	Tomatensalat	
Buttererbsen	3,50	Grüner Salat	
Butterbohnen	3,50	Portion Butter	–,80
Kloß oder Semmelknödel	3,—	Hausbrot, Semmel Brezn, Toast	–,50
Reis	2,50		

Für unsere kleinen Gäste

Kleines Wiener Schnitzel mit Pommes frites und Ketchup	9,20
Kleiner Schweinebraten mit Knödel	8,20

Sämtliche Preise sind Inklusiv-Preise

Grillspezialitäten und Pfannengerichte

Wiener Schnitzel vom Kalb mit Pommes und Salat	16,80
Zarte Kalbslendchen mit Pfifferlingen, Petersilienkartoffeln und Zuckererbsen	22,60
Kalbssteak »Schweizer Art« mit Schinken und Käse überbacken, Pommes frites, Buttererbsen	18,60
Rosa gebratene Lendenschnitte natur mit Kräuterbutter, Pommes frites und Bohnen	20,50
Grillteller (gem. Lendchen) mit Grillwürstchen, Speck, Pommes frites und Gemüse	21,20
Schweinekotelett gebacken mit Pommes und Salat	15,20
Filetsteak »reich garniert« mit Sauce Bearnaise, Bohnen, Champignons, Karotten und feine Erbsen, Pommes frites	24,20
Chateaubriand, garniert mit feinem Gemüse, Pommes frites, Sauce Hollandaise (für 2 Personen)	48,—
Waldschlössl Grillplatte (gem. Lendchen und Filets) garniert mit vielerlei Gemüse, Sauce Bearnaise, Pommes frites (für 2 Personen)	52,—

Weltbekannte Löwenbräu-Biere

	1/2 l Export hell v. Faß	3,00
	1/4 l Export hell v. Faß	1,70
LÖWENWEISSE	1/2 l Hefe-Weißbier	3,20
	Schwarze Weiße 0,5 l	3,20
Der Löwenbräu	0,3 l Pils vom Faß	3,20
	1/2 l Radler	3,00
Alt Münchner Dunkel	Exp. dkl. vom Faß 0,5 l	3,00
Heller Bock	Fl. heller Bock 0,5 l	3,20
TRIUMPHATOR	Fl. Triumphator 0,5 l	3,20
	Weißbier mit Schuß 0,5 l	3,70
Diät Pils	Fl. Diätbier 0,3 l	2,90
	Fl. Münchner-Kindl-	
LöwenMalz	Malzbier 0,3 l	2,50
	Bier alkoholfrei 0,5 l	3,00

Warme Getränke

Port. Mokka	5,20
Tasse Kaffee Hag	2,40
Tasse **Dallmayr**	2,40
Portion **Kaffee**	4,80
Haferl heiße Schokolade	3,80
Tasse Tee	2,—
Portion Tee	4,—
Glas Glühwein	4,50
Glas Grog v. Rum	4,60
Glas Tee m. Rum	4,80

Alkoholfreie Getränke

Coca-Cola	0,2 l	2,—
Libella	0,2 l	2,—
Spezi	0,5 l	4,—
Überkinger	0,25 l	2,—
Überkinger	0,5 l	2,80
Schweppes Indian Tonic Water	0,2 l	2,50
Fachinger	0,33 l	2,20
Apfelsaft	0,2 l	2,—
Johannisbeersaft schwarz	0,2 l	2,60
Orangensaft	0,2 l	2,60
Apfelsaftschorle	0,5 l	3,80

1. 2 Tassen Tee kosten _____ .

     a 2,40 DM
     b 4,– DM
     c 4,50 DM

2. Für 3,20 DM kann man _____ .

     a alkoholfreies Bier trinken
     b Export hell vom Faß trinken
     c 1/2 l Hefe-Weißbier bekommen

3. Grillspezialitäten für 1 Person gibt es _____ .

     a zwischen sechzehn und fünfundzwanzig Mark
     b von circa siebzehn bis fünfzig Mark
     c zwischen achtzehn Mark sechzig und zweiundvierzig Mark zwanzig

4. 2 Weißwürste zum Mitnehmen kosten (man ißt sie dann nicht im Restaurant, sondern zum Beispiel auf der Straße): _____ .

     a 4,40 DM
     b mehr als 4,40 DM
     c weniger als 4,40 DM

5. Wenn man nicht viel Hunger (oder Geld) hat, kann man _____ .

     a eine rosa gebratene Lendenschnitte bestellen
     b Wienerschnitzel mit Beilagen und Nachspeisen nehmen
     c 1 Paar Regensburger mit Kraut essen

2.   *Deutsche Welle*

Deutsche Welle
Radio & TV international

ca. 100 Programme in 35 Sprachen
Frequenzangaben

(Gültig vom 28. März bis 25. September 1993)

Dieser Reisebegleiter erscheint zweimal jährlich
zum Beginn der Sommer- und Winterzeit

Alle Zeiten in **UTC/GMT**

Mitteleuropäische Sommerzeit:
UTC + 2 Std.

täglich
Nachrichten zur vollen Stunde
Kurznachrichten zur halben Stunde

montags bis freitags

Funkjournal:
Nachrichten und Berichte
ab 06.00 Uhr **UTC** alle zwei Stunden

Presseschau:
ab 8.31 Uhr **UTC** alle vier Stunden

Das Reisejournal:*
mit ADAC-Reiserufen,
Wetterbericht für ganz Europa,
Seewetterbericht für Biskaya und
Mittelmeer, Ägäis
Touristentips: 17.15 – 18.00 Uhr **UTC**

Sportreport:
montags und donnerstags
08.35, 12.35, 16.35 Uhr **UTC**

mittwochs/donnerstags und
freitags/samstags
20.35, 00.35, 04.35 Uhr **UTC**

Aktuelle Sendungen am
Samstag:
Funkjournal:
08.00, 12.00, 14.00, 20.00,
00.00 und 04.00 Uhr **UTC**

Bericht aus Bonn:
06.15, 10.15, 15.15, 18.15,
22.15, 02.15 Uhr **UTC**

Sportreport:
08.35, 12.35, 15.30 – 16.30,
20.35, 00.35, 04.35 Uhr **UTC**

Das Reisejournal:*
17.15 – 17.45 Uhr **UTC**

Aktuelle Sendungen am
Sonntag:
Blickpunkt:
ab 06.15 **UTC** alle vier Stunden

Gottesdienst:
09.05 – 10.00 Uhr **UTC**

Weltspiegel:
9.10, 12.10 **UTC** – weiter alle vier
Stunden

Sportreport:
09.35, anschl. 12.35, 16.35, 20.35,
00.35, 04.35 Uhr **UTC**
Seewetter:*
17.10 – 17.15 Uhr **UTC**
Presseclub:*
17.15 – 18.00 Uhr **UTC**

Hinweis:
* Diese Sendungen für Europa/Nahost/
Nordafrika werden nur auf den in
Fettdruck markierten Frequenzen
sowie über die Satelliten ASTRA 1A
und Eutelsat II-F1 ausgestrahlt.

Kostenlose vollständige Programmübersicht bitte anfordern bei:
DEUTSCHE WELLE, Hörerpost, 50588 Köln
Herausgeber: Deutsche Welle, Öffentlichkeitsarbeit, 50588 Köln

Was ist richtig? Markieren Sie die richtige Antwort.

1. Die Deutsche Welle _____.

    [a] erscheint zweimal jährlich
    [b] sendet ca. 100 Programme.
    [c] sendet nur von März bis September.

2. Im Programm gibt es _____.

    [a] keine Sportsendungen
    [b] jeden Tag Sportsendungen
    [c] an sechs Tagen Sportsendungen

3. Nachrichten gibt es _____.

    [a] nur samstags und sonntags
    [b] jeden Tag, fast jede Stunde
    [c] nur 10 Minuten bis zu einer vollen Stunde pro Woche

3. *Ferienwerbung*

Deutsch aktiv Neu 1B, Kapitel 12, Tests

Kreuzen Sie die richtige Lösung an.

1. Für kranke Leute ist _____ sehr gut.

   a eine Westernshow in Heroldsbach
   b ein Märchenpark in Neustadt
   c eine Kur im Aquantis

2. Für Christbaumschmuck soll man _____.

   a Schloß Thurn besuchen
   b Neustadt besuchen
   c ein Zimmer in Muggendorf buchen

3. a Das Leben auf dem Bauernhof kann man im Neustadter Museum erleben.
   b In einem Bauernhaus kann man in der Nähe von St. Peter-Ording Ferien machen.
   c Einen Bauernhof kann man im Aquantis Bensersiel kennenlernen.

4. Muggendorf hat eine ähnliche Vorwahl wie _____.

   a Nordfriesland
   b Heroldsbach
   c Langeoog

5. In Bayern gibt es _____.

   a ein Freizeitbad im Aquantis
   b eine Ferienwohnung in St. Peter-Ording
   c einen Märchenpark in Neustadt

4. *Kinderhotels. Kreuzen Sie die richtige Lösung an.*

Eltern-TEST: KINDERHOTELS ÖSTERREICH

Das bedeuten die Symbole:

**** Haus mit erstklassiger Ausstattung, großzügig und komfortabel eingerichtet, für gehobene Ansprüche
*** Haus gehobener Kategorie, gediegene wohnliche Ausstattung, soll dem „Durchschnittsgast" gerecht werden
** Haus mittlerer Kategorie, Ausstattung zweckmäßig und ausreichend, bescheidener Komfort

Gitterbetten	Spielzimmer	Freizeitprogramme	getrennte Schlafräume
Babywannen	Spielplatz	Fahrräder	Nichtraucherbereiche
Fläschchenwärmer	Spielprogramme	Tennis	Kochgelegenheit
Babysitting	Kinderbetreuung	Reiten	Waschmaschine
Babyphon/Überwachung	Tiere im/am Haus	Freibad	Unterkunft
Leih-Buggys	Kindermenüs	Hallenbad	Kinder erwünscht
Rückentragen	Kinderessen	Sauna	Freundlichkeit
Hochstühle	Planschbecken	Solarium	Kindgerechte Einrichtung

DIE PREISE: Eltern mit Kindern, die noch nicht zur Schule gehen, verreisen bevorzugt in der Nebensaison. Die Preisbeispiele in der Tabelle stammen deshalb aus dieser günstigen Reisezeit. Allerdings: Einige Kinderhotels verlangen für den gebotenen Komfort entsprechend hohe Preise. Doch überwiegen die Angebote, die sich auch junge Familien leisten können. Die Preise für eine Woche Halbpension gelten jeweils für zwei Erwachsene und zwei Kinder (1 Kind bis 2, 1 Kind bis 6 Jahre). Angegeben sind auch die Art der Unterbringung sowie die Termine, zu denen diese Preise Gültigkeit haben.

Haus, Kategorie, Ort, Telefon / Die ELTERN-Testurlaub-Familie und ihre Bewertung	Diese Einrichtungen gibt es für:			Preis für 1 Woche (HP, 2 Erw., 1 Ki. bis 2, 1 Ki. bis 6)	Noten der Leser
	Babys	Kinder	die ganze Familie		
Kärnten					
Alpenhotel Berger **** A-9551 Bodensdorf/Ossiacher See, 00 43/42 48/28 80 — Familie Muhl aus Husby: „Wir hatten Zweifel: Mit einer so lebendigen Dreijährigen wie unsere Sonja ein Urlaub im Hotel? Es ging. Mehr noch: Die Kinder und wir Eltern haben uns sehr wohl gefühlt."			Eigener Badestrand am Ossiacher See	ca. 910 Mark im Familienzimmer bis 6.7.; ab 31.8.	1 1 1 2
Hotel Urbani-Wirt **** A-9551 Bodensdorf/Ossiacher See, 00 43/42 43/22 86 — Familie Schorr aus Zeil: „Diese Lage! Dieses Essen! Hier konnten wir viel und oft genießen – auch unsere Lieblingsplätze: Wir die Liegewiese direkt am See, und die Kinder das seichte Ufer."			Direkt am See, Kinderspielhaus, Ruderboote, Surfen, Fischwasser, Landwirtschaft	ca. 1510 Mark im Dreibettzimmer bis 30.6.; ab 1.9.	1 1 1 2
Erlebnisclubhotel Schönblick **** A-9580 Drobollach, 00 43/42 54/23 34 — Familie Siegenthaler aus Aarbergen: „Kinder sind in den Hotelbetrieb ganz selbstverständlich integriert. Hier werden ihnen jede Menge Spielmöglichkeiten und rund ums Haus viel Platz zum Toben geboten."			Appartements, Fitneß-Geräte, Ponyreiten, eigener Badestrand am Faaker See	ca. 1815 Mark im Familienzimmer bis 22.6.; ab 7.9.	1 1 1 2
Hotel Karnerhof **** A-9580 Egg am Faaker See, 00 43/42 54/21 88 — Familie Kleinle-Mayer aus Mering: „Meist verzichteten die Kinder auf die Nachspeise, nur um mit Susanne und Monika zu spielen. Die beiden Betreuerinnen haben uns Eltern manche erholsame Stunde geschenkt."			Direkt am See, Appartements, Whirl-Pool, Fitneßraum, Segeln, Surfen	ca. 3240 Mark im Familienappartement bis 10.7.; ab 28.8.	1 1 3 2
Berg- und Sporthotel Falkertsee *** A-9564 Patergassen, 00 43/42 75/2 55 — Familie Albert-Scheel aus Trittau: „Das umfangreiche Unterhaltungsprogramm für Eltern und Kinder macht eine Abfahrt ins viel lebhaftere und bestimmt reizvolle Tal oder an den Millstätter See fast überflüssig."			Appartements, Ponyreiten, Kinderhaus, Angeln, Gesundheitstraining	ca. 1647 Mark im Familienzimmer 8.6. bis 20.10.	1 1 2 2
Babypension Bergfried *** A-9853 Gmünd, 00 43/47 32/21 47 — Familie Schuster aus Böblingen: „Der Hauptgrund für unsere Zufriedenheit: die Herzlichkeit und Kinderliebe der Wirtsfamilie, die wie meist im Leben, auf Gegenseitigkeit beruhte: Unsere Kleinen waren begeistert."			Appartements	ca. 1070 Mark im Familienappartement 12.5. bis 14.10.	1 1 1 1

1.   Einrichtungen:

  a In allen Hotels gibt es ein Hallenbad.
  b Kochgelegenheit gibt es nur in drei Hotels.
  c Alle Hotels haben Babywannen.

2.   Das Berg- und Sporthotel Falkertsee _____ .

  a kostet vom 8. oder 6. Oktober bis zum 20. Oktober (12 oder 14 Tage) nur 1647 Mark pro Familienzimmer
  b ist so gut, daß man fast nicht an den See oder ins Tal fahren will
  c hat die besten Noten bekommen

3.   Im Alpenhotel Berger _____ .

  a darf man auch Enten und andere Tiere ins Zimmer nehmen
  b gibt es für Kinder eine kleine Bibliothek
  c ist es in der Nebensaison am billigsten

4.   Familie Schuster _____ .

  a ist so zufrieden, weil es auf Gegenseitigkeit beruhte
  b mag besonders, wie freundlich man zu den Kindern ist
  c war begeistert von der Herzlichkeit zu den kleinen Haustieren

5.   a In der Tabelle sind für jedes Hotel die höchsten Preise angegeben.
     b Die Preise sind nur Beispiele für die billigere Nebensaison.
     c Nur Eltern mit Kindern, die noch nicht zur Schule gehen, dürfen in diesen Hotels wohnen.

5. *Brüderchen und Schwesterchen*

Brüderchen und Schwesterchen

Ein Märchen nach den Gebrüdern Grimm

Brüderchen nahm sein Schwesterchen an der Hand und ging fort von der bösen Stiefmutter. Am Abend kamen sie in einen großen Wald. Da setzten sie sich müde in einen hohlen Baum und schliefen ein. Als sie aufwachten, schien die Sonne schon heiß in den Baum hinein. „Schwesterchen", sagte das Brüderchen, „ich habe Durst". Die Stiefmutter aber war eine böse Frau. Sie war eine Hexe. Sie war den Kindern in den Wald gefolgt und hatte alle Bäche im Wald vergiftet. Als die Kinder nun ein Bächlein fanden, hörten sie es sagen: „Wer aus mir trinkt, wird ein Tiger!" Da trank das Brüderchen nicht. Als sie zum zweiten Bächlein kamen, hörten sie es sagen: „Wer aus mir trinkt, wird ein Wolf!" Da wartete das Brüderchen noch bis zum dritten Bächlein. Und obwohl es sagte: „Wer aus mir trinkt, wird ein Reh!" trank es aus dem Bächlein. Nachdem es aber den ersten Tropfen getrunken hatte, lag ein Reh neben dem Bächlein. Da weinte das Schwesterchen fürchterlich.

Schließlich gingen sie tiefer in den Wald, bis sie an ein Häuschen kamen, das leerstand. Weil es ihnen sehr gut gefiel, lebten sie dort lange Zeit. Da hielt eines Tages der König eine große Jagd. Als aber das Reh die Jagdmusik hörte, wollte es dabeisein und fragte so lange, bis das Schwesterchen es hinausließ. „Komm aber am Abend nach Hause", sprach es, „und damit ich dich kenne, sprich: Mein Schwesterlein, laß mich herein." Froh sprang das Reh hinaus. Der König und seine Jäger sahen das Tier, konnten es aber nicht einholen. Am Abend lief das Reh zum Häuschen und rief: „Schwesterlein, laß mich herein!" Da machte das Schwesterchen die Tür auf. Am nächsten Tag ging die Jagd weiter, und wieder war das Reh dabei. Jetzt aber …

Fragen zum Text. Kreuzen Sie an.

1. Welche Aussage ist richtig?

    a Schwesterchen nahm sein Brüderchen an der Hand und ging fort von der bösen Stiefmutter.
    b Der Bruder nahm seine Schwester an der Hand, und sie gingen fort.
    c Die Hexe schickte die Kinder in den Wald, denn sie wollte sie vergiften.

2. Brüderchen trank nicht aus dem ersten Bächlein, _____.

    a weil ein Tiger darin wartete
    b denn es wollte lieber ein Reh sein
    c damit es kein Tiger wird

3. Schwesterchen weinte, _____.

    a weil ihr Bruder jetzt ein Reh war
    b weil es Angst vor den Jägern hatte und dachte, sie erschießen das Reh
    c weil es nicht wußte, was es tun sollte (tief im Wald, nirgendwo ein Haus)

4. Was ist richtig?

    a Brüderchen hatte Angst vor der Jagd und sagte: „Schwesterlein laß mich herein".
    b Das Tier konnte König und Jäger nicht einholen.
    c Zuerst wollte Schwesterchen das Reh nicht aus dem Haus lassen.

5. Wie geht das Märchen zu Ende? Schreiben Sie.

B Hören

1. *Herr Böse und Herr Streit*
   Hören Sie den Text und ergänzen Sie den Zeitplan.

DA Neu 1B 12A7

Monat	Wie sind die Äpfel?	Was macht Herr Böse?	Herr Streit ?
Oktober	reif	pflückte alle Äpfel ab	"Dir werde ich's heimzahlen ..."
September			pflückte die Äpfel
		pflückte die Äpfel	
Juli			
	so klein wie Rosinen		
Mai		treffen sich beim Äpfelkaufen	

C Wortschatz/Strukturen

Was ist richtig? Kreuzen Sie die richtige Lösung an.

1.   Wenn er nichts lernt, dann _____.

   a kann er nichts verstehen
   b nichts kann er verstehen
   c er nichts verstehen kann
   d er nichts kann verstehen

2.   _____ er nicht vorsichtiger fährt, _____ einen Unfall.

   a Wenn ... denn gibt es
   b Wenn ... denn es gibt
   c Wenn ... dann gibt es
   d Wann ... dann gibt es

3. Der Verkäufer muß eine fehlerhafte Ware zurücknehmen, _____.

   a wenn der Käufer sie nicht haben will
   b wenn der Käufer sie behalten möchte
   c wenn der Käufer will sie nicht haben
   d wenn der Käufer möchte sie nicht behalten

4. Da er alles so gut _____, konnte er früh nach Hause gehen.

   a gelernt gehabt
   b gelernt habe
   c gelernt hatte
   d gelernt war

5. Er soll 50 DM zahlen, _____.

   a weil er am Unfall schuld ist
   b weil er ist schuld
   c so daß er hat Schuld am Unfall
   d denn er schuld am Unfall ist

6. Der Volvo muß warten, _____.

   a da ist Ford vorgefahren
   b warum der Mercedes Vorfahrt hat
   c wenn der Hyundai Vorfahrt
   d weil der SEAT Vorfahrt hat

7. „Warum sind die Schuhe kaputtgegangen?" – „_____"

   a Weil sie schlechte Qualität sind.
   b Weil die sind schlechte Qualität.
   c Da sind die schlechte Qualität.
   d Warum sie schlechte Qualität sind.

8. „Warum müssen wir hier halten?" – „_____"

   a Weil steht STOP drauf.
   b Denn wir nicht weiterfahren dürfen.
   c Da hier ein Stopschild steht.
   d Weil STOP steht drauf.

9. Das Kind hat Angst.

   a Denn läuft es weg.
   b Weil läuft es weg.
   c Deshalb läuft es weg.
   d Damit es wegläuft.

10. Es gab einen Unfall.

    a Daher kommt die Polizei.
    b Deshalb die Polizei kommen.
    c Damit die Polizei kommen.
    d Um zu die Polizei kommt.

11. Zu viele Leute rauchen Zigaretten.

    a Aus diesem Grund sind sie krank.
    b Aus dem Grund sie sind krank.
    c Damit sind sie krank.
    d Daher sie krank sind.

12. „Wozu backt sie jeden Sonntag Kuchen?" – „_____"

    a Damit die Familie jeden Sonntag einen Kuchen hat.
    b Da die Familie jeden Sonntag einen Kuchen hat.
    c Weil hat die Familie jeden Sonntag einen Kuchen.
    d Dazu die Familie jeden Sonntag einen Kuchen hat.

13. „Zu welchem Zweck braucht er ein Radio?" – „_____"

    a Wozu er Musik hören kann.
    b Damit er Musik hören kann.
    c Weil er Musik hören kann.
    d Weil er will Musik hören.

14. Die Kundin bringt den blauen Pullover zurück, _____.

    a weil sie lieber einen grünen will
    b da sie will einen roten
    c weil sie tauscht den blauen
    d wozu sie braucht einen gelben

15. „Wozu hat er ein großes Motorrad gekauft?" – „_____"

    a Wozu er schneller fährt.
    b Dazu er schneller fährt.
    c Da er schneller fahren.
    d Damit er schneller fahren kann.

16. „Warum trinkt der Säufer?" – „_____"

    a Um vergessen zu seinem schweren Leben.
    b Um sein schweres Leben zu vergessen.
    c Um seinem Leben sehr schwer zu vergessen.
    d Um sein schweres Leben vergessen.

17. „Warum macht ihr Sport?" – „_____"

    a Um fit zu bleiben.
    b Um bleiben fit.
    c Zu fit bleiben.
    d Um zu fit bleiben.

18. Er kauft sich eine Brille, _____.

    a um er besser sehen zu können
    b damit besser sehen können
    c um zu besser sehen können
    d um besser sehen zu können

19. Wir brauchen das Auto, _____.

    a um heute in die Stadt zu fahren
    b damit in die Stadt zu fahren können
    c um zu heute in die Stadt fahren
    d damit heute in die Stadt fahren können

20. Herr Streit pflückt die Äpfel, _____.

    a obwohl sind sie reif
    b obwohl sie unreif sind
    c obwohl sie sind reif
    d obwohl sind sie unreif

21. Er bekommt sein Geld zurück, _____ .

    a obwohl er hat die Maschine kaputtgemacht
    b obwohl er die Maschine kaputtgemacht hat
    c obgleich er die Maschine hat kaputtgemacht
    d obgleich die Maschine hat er kaputtgemacht

22. Sie kauft den Hut, _____ .

    a obwohl ihn findet sie scheußlich
    b obgleich sie findet ihn scheußlich
    c obgleich sie ihn scheußlich findet
    d obwohl findet sie ihn scheußlich

23. _____ , ist er nicht sehr gesund.

    a Obwohl jeden Tag er ißt Joghurt
    b Damit er jeden Tag ißt
    c Obgleich er ißt jeden Tag Joghurt
    d Obwohl er jeden Tag Joghurt ißt

24. Er hat keinen Termin bekommen, _____ .

    a zum Arzt dennoch geht er
    b geht er zum Arzt dennoch
    c dennoch geht er morgen zum Arzt
    d denn er noch zum Arzt geht

25. Es hat zwar geregnet, _____ .

    a wir sind noch spazierengegangen
    b aber wir sind dennoch spazierengegangen
    c dennoch spazieren wir gegangen
    d sind wir trotzdem spazierengegangen

26. _____ ich den Film schon gesehen habe, gehe ich _____ heute wieder ins Kino.

    a Ob … noch
    b Damit … dennoch
    c Dennoch … obwohl
    d Obwohl … trotzdem

27. _____ er Hunger hatte, konnte er nicht viel von dem Kuchen essen.

    a Obwohl
    b Weil
    c Dennoch
    d Da

D Schreiben

1. *Der Unfall*
   Ergänzen Sie das Gespräch.

○ Rudi, hör' mal, ich habe einen Unfall gehabt.

● _____

○ Nein, ich habe nichts gebrochen. Nur mein Knie tut ein bißchen weh.

● _____

○ Das war in der Stadt. Maximilian-/Ecke Ludwigstraße.

● _____

○ Ich war nicht schuld. Die Ampel war grün, und ich bin einfach über die Kreuzung gefahren. Plötzlich ist der andere von rechts gekommen und mir voll in die Seite reingefahren.

● _____

○ Ein Mercedes.

● _____

○ Die Tür rechts ist kaputt. Aber das Auto fährt noch. Es ist nicht so schlimm. Sag' mal, kannst du mich abholen?

● _____

2. *Herr und Frau Albrecht haben letzte Woche einen Cassettenrecorder gekauft.*
   Nach 3 Tagen war er kaputt. Sie bringen ihn jetzt zum Geschäft zurück, um ihn umzutauschen. Das Geschäft will den Cassettenrecorder reparieren, aber die Albrechts wollen einen neuen ...

Schreiben Sie das Gespräch.

E Dialogsituationen und Mündliche Prüfung (Ende des ersten Jahres)

Hinweise für die Lehrerin / den Lehrer

Die mündlichen Prüfungen verlangen von den Lernern sehr viel Selbständigkeit. Dabei ist folgendes zu berücksichtigen:

– Die Liste der potentiellen Prüfungssituationen sollte circa 3 bis 4 Wochen vorher an die Lerner ausgegeben werden. Die Mehrheit der Lerner wird in der Regel erfolgreich damit arbeiten und sich entweder stärker an Vorgaben des Unterrichts und der Bücher halten oder diese kreativ weiterentwickeln. Sie können auch Materialien, Prospekte, Kostüme usw. mitbringen. Erfahrungsgemäß nehmen nur wenige Lerner dieses Angebot nicht an.

– Die Prüfungen sollten im Team stattfinden (2–3 Lerner). Das gibt den Lernern in der Regel mehr Selbstvertrauen (sie sind vorbereitet und nicht allein). Eine relativ authentische Situation kann durch eine „fremde" Lehrerin / einen fremden Kollegen geschaffen werden (Dialoge, fremder Adressat).

– Bei der Bewertung sollte man sich in erster Linie an *kommunikative Adäquatheit* halten. *Grammatische Korrektheit* sollte natürlich dem Leistungsstand entsprechend erwartet werden, aber nur da ausschlaggebend sein, wo ihr Fehlen die Kommunikation be- oder verhindert.

Deutsch aktiv Neu, Tests, Mündliche Prüfung (Ende des 1. Jahres)

Hinweise für Lerner

Liste der möglichen Themen

Situationen Deutsch 1

– Bitte suchen Sie sich eine Partnerin / einen Partner für die mündliche Prüfung.
– Bitte bereiten Sie eine kurze Vorstellung Ihrer Partnerin / Ihres Partners vor.
– Bitte bereiten Sie *zusammen alle* Situationen vor. Alle Situationen haben Sie im Unterricht in identischer oder ähnlicher Form bereits kennengelernt.
– Die Prüfung dauert circa 20 Minuten. 4 Personen sind anwesend: Sie und Ihre Partnerin / Ihr Partner, Ihre Lehrerin / Ihr Lehrer und eine Kollegin / ein Kollege.
– Beginnen Sie die Prüfung mit einer kurzen gegenseitigen Vorstellung.
– Dann sucht Ihre Lehrerin / Ihr Lehrer 2 Situationen aus (2 aus den 3 verschiedenen Kategorien).
– Viel Spaß und Erfolg!

1. Fakten wiedergeben und erfragen

Unfall
Vor einer Stunde ist ein schwerer Unfall passiert: 2 Autos, ein Fahrrad und ein Fußgänger waren beteiligt: Person A ist Zeuge, Person B ist Polizistin und muß ein Protokoll machen.

a) Polizistin: Machen Sie das Protokoll so genau wie möglich. Machen Sie vielleicht auch eine Zeichnung.

b) Zeuge: Geben Sie der Polizistin alle wichtigen Informationen, die sie braucht. Und mehr.

2. Auskunft erfragen/geben

2.1 *Im Geschäft*
Eine Kundin sucht Pullover, Jeans, Weste ..., hat aber Schwierigkeiten, sich zu entscheiden. Der Verkäufer macht Vorschläge ...

a) Kundin: Sie wissen nicht, was Sie wollen, können sich nicht entscheiden ...
(Geld, Farbe, Größe ...)

b) Verkäufer: Sie sind höflich und hilfsbereit. Aber Ihr Geschäft schließt in 3 Minuten und Sie müssen los (aber das sagen Sie natürlich nicht). Helfen Sie der Kundin, sich schnell zu entscheiden, machen Sie Vorschläge ...

2.2 *Wohnungssuche*
Ein Mieter sucht eine Wohnung und telefoniert mit dem Makler. Er / Sie will Informationen über verschiedene Wohnungen.

a) Mieter: Fragen Sie nach 2 Wohnungen. Machen Sie Zeichnungen.

b) Makler: Sie haben Zeichnungen von Wohnungen. Beantworten Sie die Fragen, beschreiben Sie die Wohnungen und geben Sie auch weitere Informationen. Sie *müssen* die Wohnungen vermieten.

2.3 *Traumurlaub*
Endlich Traumurlaub machen! Erfragen Sie Informationen im Reisebüro.

a) Kunde: Sie wollen Urlaub machen. Fragen Sie nach allen Möglichkeiten, Gebieten ... Terminen ... Temperaturen ... Hotels ... Geld ... möglichen Problemen ... (zum Beispiel Angst vorm Fliegen ...)

b) Reisebüro-Angestellte: Geben Sie alle Informationen, erklären Sie die Prospekte ... Beantworten Sie die Fragen und beruhigen Sie den Kunden bei Problemen ...

2.4   Wegbeschreibung
Ein deutschsprachiger Tourist, der nicht Ihre Sprache spricht, ist in Ihrer Stadt/Ihrer Gegend.

a)   <u>Tourist</u>: Sie haben nur ein paar Stunden Zeit in dieser Stadt/Gegend. (Dann müssen Sie weiter.) Aber Sie wollen das Wichtigste von der Stadt/Gegend sehen ... Wie ...? Wo genau ...?

b)   <u>Auskunft</u>: Sie können den Touristen kaum verstehen. Sie sind aber sehr höflich (dafür werden Sie bezahlt). Versuchen Sie zu klären, was er will. Nennen Sie ihm die wichtigsten Attraktionen ... Was ist, wenn es regnet? ...

3.   Kontrovers Diskutieren

3.1   *Willi + Frieda*

*Willi ist gestern spät nach Hause gekommen. Na ja, wie immer ... Männer! Seine Frau Frieda ist sehr, sehr **böse** ...*

Sie sind jetzt beide in der Küche und diskutieren! ...

a)   <u>Willi</u>: leise, ruhig; er weiß, was kommt. Das hat er schon oft erlebt ... Er muß sich verteidigen ... Macht er es wieder? ...

b)   Frieda: **BÖSE!**

3.2   *Gemäldegalerie*

Zwei Freunde sind in einer Gemäldegalerie und diskutieren einige Bilder. Sie vergleichen die Bilder, haben aber einen <u>ganz verschiedenen</u> Geschmack.

3.3   *Recht im Alltag*

Herr B. hat ein Paar Schuhe gekauft. Er trägt sie jeden Tag. Nach 3 Wochen sind sie aber kaputt. Er geht zum Schuhgeschäft und ....

Der Verkäufer möchte aber nicht ...

Kapitel 13

A Hören

1. *Interview mit Herrn Roscher*
   Hören Sie das Interview. Was ist richtig, was ist falsch? Kreuzen Sie an.

DA Neu 1B 13A3/4

	richtig	falsch
1. Zuerst werden die Kartoffeln geschält.		
2. Man soll auf die Qualität der Zutaten achten.		
3. Man braucht keine frische Milch.		
4. Die Kartoffeln werden nicht kleingeschnitten, sonst dauert die Garzeit zu lange.		
5. Muskatnuß und Salz kommen in die Milch.		
6. Man braucht einen Schneebesen, um das Kartoffelpüree schaumig zu schlagen.		
7. „Kartoffelschnee" ist ein anderes Wort für „Kartoffelpüree".		
8. Kartoffelpüree kann als Beilage serviert werden.		

B Wortschatz/Strukturen

Was ist richtig? Kreuzen Sie die richtige Lösung an.

1. _____ die Finger weg!

   a Mach
   b Nimm
   c Nehme
   d Mache

2. _____ das, Kinder!

   a Laß
   b Ließ
   c Laßt
   d Laßt Ihr

3. _____ nicht so viel, Karl!

   a Eß du
   b Iß
   c Ißt du
   d Eßt

4. _____ bitte langsamer, mein Lieber!

   a Fähr
   b Fährt er
   c Führ
   d Fahr

5. Bitte _____, wie Sie das machen!

   a beschreibe
   b beschreibt ihr
   c beschreiben sie
   d beschreiben Sie

6. Das ist heiß!

   a Anfaß du das nicht!
   b Anfassen das nicht, bitte!
   c Faß das nicht an!
   d Fassen das bitte nicht an!

7. Warum stehen Sie eigentlich?

   a Würden Sie bitte Platz nehmen?
   b Platzen Sie, bitte!
   c Platz nehmen Sie bitte!
   d Bitte, Sie platznehmen!

8. _____ wir froh, daß nichts passiert ist!

   a Hatten
   b Sein
   c Seien
   d Haben

9. _____ Dank für deinen Brief!

   a Haben Sie
   b Hätte
   c Hab'
   d Habt

10. Bitte _____ ruhig!

    a seist
    b sei
    c bist
    d sein

11. Ich möchte rauchen.

    a Geben Sie bitte Feuer würden?
    b Könnten Sie mir bitte Feuer geben?
    c Würde mir bitte Feuer geben?
    d Können Sie mich bitte feuern?

12. Er versteht das nicht.

    a Erklärst du es bitte können?
    b Könntest du es ihm bitte erklären?
    c Können es bitte erklären?
    d Bitte erklärst!

13. „Ich fühle mich nicht wohl." – „_____"

    a Du solltest einmal zum Arzt gehen.
    b Sollen Sie zur Ärztin gehen!
    c Gehen zur Ärztin, bitte!
    d Einmal gehen sollten Sie zum Arzt!

14. Entschuldigung, ich bin fremd hier. _____

    [a] Könnten Sie mir bitte den Weg zum Bahnhof erklären?
    [b] Erklären Sie mir den Weg können?
    [c] Können den Weg mir bitte erklären?
    [d] Könnten mir bitte den Weg zum Bahnhof erklären?

15. „Was steht in dem Rezept?" – „_____"

    [a] Die Kartoffeln geschält werden.
    [b] Werden geschält die Kartoffeln.
    [c] Sie werden die Kartoffeln schälen.
    [d] Die Kartoffeln werden geschält.

16. In Amerika _____.

    [a] werden jedes Jahr immer weniger Autos produziert
    [b] stellen jedes Jahr immer weniger Autos her
    [c] sind immer weniger Autos jedes Jahr hergestellt
    [d] produziert jedes Jahr immer weniger Autos

17. Wir müssen darauf achten, _____.

    [a] daß wird der Kuchen lang genug gebacken
    [b] daß der Kuchen lang genug gebacken wird
    [c] daß der Kuchen lang genug wird gebacken
    [d] daß der Kuchen wird lang genug gebacken

18. Wann _____? Ich muß um 14 Uhr zu Hause sein.

    [a] wird servieren Sie das Essen
    [b] werden Sie das Essen serviert
    [c] wird das Essen serviert
    [d] will man das Essen serviert

19. Viele Bücher _____.

    [a] werden jedes Jahr in Deutschland geschrieben
    [b] wird in Deutschland jedes Jahr schreiben
    [c] wird man in Deutschland jedes Jahr geschrieben
    [d] geschrieben werden jedes Jahr in Deutschland

20. „Können Sie mir erklären, wie das Gerät funktioniert?" – „_____"

    [a] Mit diesem Regler kann das Licht eingestellt werden.
    [b] Der Regler soll das Licht einstellen werden.
    [c] Mit diesem Regler werden das Licht eingestellt.
    [d] Mit diesem Regler muß das Licht einstellen.

21. Bitte tun Sie Ihren Fotoapparat weg!

    [a] Fotografieren darf hier nicht.
    [b] Es darf hier nicht fotografiert werden.
    [c] Hier werden nicht fotografiert.
    [d] Hier wird nicht fotografieren dürfen.

22. Das Essen _____ , denn die Bedienung geht um 8 nach Hause.

a müssen um 7 serviert werden
b müssen um 8 servieren
c muß um 7.30 serviert werden
d wird bis 8 servieren müssen

23. Die Pilze sind giftig. Man kann davon sterben.

a Sie müssen nicht gegessen werden.
b Sie werden nicht gegessen müssen.
c Sie dürfen nicht gegessen werden.
d Sie werden nicht gegessen dürfen.

24. In diesem Park _____ .

a Hunde müssen an der Leine geführt werden
b muß man Hunde an der Leine geführt werden
c müssen Hunde an der Leine geführt werden
d werden Hunde an der Leine führen müssen

25. Der Koch sagt, _____ .

a daß die Suppe gekocht werden muß
b die Suppe wird gekocht müssen
c daß die Suppe wird gekocht müssen
d die Suppe muß werden gekocht

26. Es ist wichtig, daß das Essen _____ .

a um 1 Uhr serviert ist worden
b wird um 12 Uhr serviert
c serviert muß sein um 6 Uhr
d um 5 Uhr serviert wird

27. Wissen Sie, _____ .

a alles erklärt wird beim Lehrer
b durch den Lehrer erklärt alles
c alles wird vom Lehrer erklärt
d alles vom Lehrer erklärt ist

28. Wir achten darauf, _____ .

a daß alles sofort gemacht wird
b daß sofort ist alles gemacht
c daß alles sofort geworden ist
d daß alles wird sofort gemacht

C Schreiben

1. *Rezept*
   Wie wird Kartoffelsalat zubereitet?
   Machen Sie eine Liste der Zutaten und
   schreiben Sie dann das Rezept.

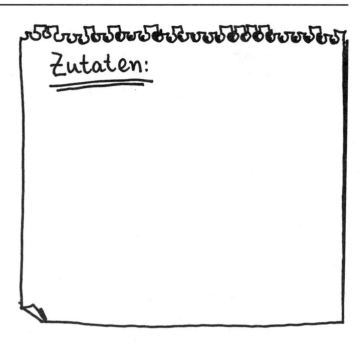

Zutaten:

Zuerst werden die Kartoffeln geschält. Dann ...

2. *Neue Kamera*
   Ihr Freund hat eine neue Kamera bekommen, aber er weiß nicht genau, wie sie funktioniert. Erklären
   Sie es bitte. Schreiben Sie das Gespräch.

die Kamera/der Fotoapparat   Farbfilm   fotographieren   einen Film einlegen   Taste drücken

der Film   Schärfe einstellen   Taste

○ Schau' mal, ich habe diese Kamera
  bekommen. Aber ich habe keine
  Ahnung, wie die funktioniert.

○ _____

  _____

● _____

  _____

○ _____

  _____

● _____

  _____

○ _____

  _____

● _____

  _____

○ _____

_____

○ _____

_____

● _____

_____

● _____

_____

_____

3. *Wetterbericht*
Schreiben Sie einen typischen Wetterbericht für die Gegend, in der Sie wohnen:

a) für den 1. August.
b) für den 25. Dezember.

Und hier der Wetterbericht für _____ , den _____ :

morgens zunächst _____

_____

gegen Mittag dann _____

_____

nachmittags _____

_____

_____

_____

_____

D Dialogsituationen

1. *Diskussion*

Wo essen Sie lieber: zu Hause, im Restaurant oder bei anderen Leuten? Begründen Sie.

2. *Verkehrsdurchsage*
   Machen Sie eine Verkehrsdurchsage für die Osterfeiertage (Richtung Süden).

Erste Oster-Engpässe auf den Fern-Routen
Ferienbeginn in weiteren sieben Bundesländern

(ADAC) Der Beginn der Osterferien in Bayern, Baden-Württemberg, Berlin, Hessen, Saarland, Schleswig-Holstein und Thüringen sowie die bereits bestehenden Ferien in Bremen, Niedersachsen, Nordrhein-Westfalen und Rheinland-Pfalz werden am kommenden Wochenende für die ersten Oster-Staus sorgen. Zur ersten spürbaren Reisewelle in Richtung Süden werden zudem Autoreisende aus Norwegen, Dänemark und Belgien beitragen, wo ebenfalls die Osterferien beginnen. Das Ziel vieler Oster-Urlauber werden die Wintersportgebiete der Alpen sein, wo man in den Hochlagen auf nach wie vor gute Skimöglichkeiten trifft. Nach Mitteilung des ADAC sind auf folgenden Autobahnen zum Teil erhebliche Verkehrsbehinderungen zu erwarten:

– A 1 Bremen–Dortmund–Köln
– A 3 Köln–Oberhausen
– A 2 Hannover–Berlin
– A 7 Hannover–Würzburg
– A 4 Dresden–Bad Hersfeld
– A 9 Berlin–Nürnberg
– A 3 Frankfurt–Würzburg–Nürnberg
– A 5 Frankfurt–Karlsruhe–Basel
– A 9 Nürnberg–München, ab dem Kreuz München/Nord
– A 8 Karlsruhe–Stuttgart–München–Salzburg
– A 95/B 2 München–Garmisch-Partenkirchen, am Autobahnende
– A 93 Rosenheim–Kufstein

Wer ins Ausland fährt, sollte auch an den deutsch/österreichischen Grenzübergängen kürzere Wartezeiten einkalkulieren. Zu Wartezeiten wird es sicherlich auch an den Übergängen Nickelsdorf, Klingenbach und Heiligenkreuz von Österreich nach Ungarn kommen. Aber auch an den Übergängen in die Niederlande, nach Dänemark und in die Tschechische Republik müssen Aufenthalte eingeplant werden.

In Österreich rechnet der ADAC – nicht zuletzt wegen der in allen Bundesländern beginnenden Osterferien – mit stärkerem Verkehr auf den Straßen im Raum Landeck, der Fernpaß-Route, der Rheintal-, Inntal- und Brennerautobahn und zeitweise auch auf der Tauernautobahn und Westautobahn Salzburg–Wien.

In Italien muß mit Behinderungen auf der Brennerautobahn gerechnet werden, in der Schweiz vor allem auf der Gotthard-Route Basel–Chiasso.

3. *Urlaubspläne*

Sie wollten eigentlich selbst nach Süden fahren (Österreich, Italien, Skifahren ...). Besprechen Sie Ihre Pläne mit Ihren Freunden. Geben Sie dann Empfehlungen, Tips usw.

Kapitel 14

A Hören

1. *Rockissima, Rockissimo*
   Hören Sie den Text. Was ist richtig, was ist falsch? Kreuzen Sie an.

DA Neu 1B 14A2

	richtig	falsch
1. Rocka ist Miss Welt.		
2. Sie ist das schüchternste Mädchen, das es gibt.		
3. Sie hat die größten Ohren.		
4. Ihre Arme sind dünner als Menschenarme.		
5. Ihre Beine sind so lang wie ihre Füße.		
6. Sie hat blaue Haut.		
7. Rocko ist der kräftigste Mann der Welt.		
8. Er kann die längsten Geschichten erzählen.		
9. Rocko ist der schwächste von allen.		
10. Rocko ist sehr faul und sehr arm.		

B Wortschatz/Strukturen

Was ist richtig? Kreuzen Sie die richtige Lösung an.

1. Wie heißt die richtige Antwort?

   a | Die Schweiz ist kleiner wie Österreich.
   b | Österreich ist größer als die Schweiz.
   c | Die Schweiz ist mehr groß als Luxemburg.
   d | Die Schweiz ist kleiner als wie Österreich.

2. Evelyn hat _____ Petra.

   a | genauso lange Haare wie
   b | so längere Haare als
   c | genauso lange Haare als
   d | solche langen Haare als

3. Andreas spielt sehr gut, _____ .

   a | und Hans spielt so gut als wie alle beide
   b | und Hans spielt so gut wie er
   c | und Hans spielt so besser als ihn
   d | und Hans spielt so gut als er

4. Der Name „Christian" ist _____ als Vorname gewählt worden.

   a | am meistens
   b | am häufigsten
   c | der häufigste
   d | den häufigsten

5. „Ich trinke gern Tee." – „_____"

   a | Ja? Ich trinke am liebsten Kaffee.
   b | Ja? Ich trinke lieber wie Kaffee.
   c | Ja? Ich trinke Kaffee am liebersten.
   d | Ja? Ich trinke am meistens Kaffee.

6. Wer hat die bessere Figur von den beiden?

   a | Ich glaube, die Jüngeren.
   b | Ich glaube, die Jungen.
   c | Ich glaube, der Jüngere.
   d | Ich glaube, die am Jüngsten.

7. Sie hat _____ auf.

   a | einen vielen zu großen Hut
   b | einen zu großem Hut
   c | viel zu groß einen Hut
   d | einen viel zu großen Hut

8. _____ Freunde sind _____ .

   a | Die am ältesten … bestens die meisten
   b | Die ältesten … meistens die besten
   c | Am ältesten … meistens am besten
   d | Ältere … besser am meisten

9. Leute, die _____ zu sagen haben, reden oft _____.

   a) wenigstens ... mehr
   b) weniger als ... am meisten
   c) das wenigste ... meistens
   d) wenig ... am meisten

10. Er geht immer _____.

   a) langsamer wie sein Bruder
   b) langsam als sein Bruder
   c) mehr langsam als sein Bruder
   d) langsamer als sein Bruder

11. Wenn jemand _____, dann sagt man auch, „er ist böse".

   a) sich kratzt
   b) sich duscht
   c) sich bewegt
   d) sich ärgert

12. Du Säufer du! _____!

   a) Schämen Sie sich
   b) Du solltest dich schämen
   c) Schäm'
   d) Sauf' dich

13. „Die Studenten arbeiten sehr schwer." – „_____"

   a) Ja, sie plagen sich.
   b) Ja, sie erarbeiten sich.
   c) Ja, sie arbeiten sich sehr viel.
   d) Ja, das stimmt. Sie studieren sich allerfleißigsten.

14. Ich wundere mich über so eine Dummheit:

   a) Wundern wir uns auch?
   b) Habt ihr auch gewundert?
   c) Wunderst du auch!
   d) Habt ihr euch nicht auch darüber gewundert?

15. _____ schon seit 3 Jahren und werden bald heiraten.

   a) Sie kennen sich
   b) Sie kennen eure
   c) Sie können sich
   d) Sie konnten sich

C Schreiben

1. *Herr und Hund*

Vergleichen Sie:

- die Körperteile
- die Größe
- das Gewicht
- die Geschwindigkeit
- das Aussehen/die Schönheit
- den Charakter
- die Stärke/Kraft
- die Intelligenz

> *Der Mann hat längere Beine als der Hund, aber einen genauso dicken Bauch.*

2. *Duzen/Siezen*
   Wer duzt wen in Deutschland? Fassen Sie Ihre Beobachtungen zusammen.

> *In Deutschland wird das Duzen immer beliebter. Man*

D Dialogsituationen

1. *Finden Sie die Unterscheidung von Duzen und Siezen gut?*

Vergleichen und diskutieren Sie. Gibt es andere, bessere Möglichkeiten der Anrede? Wie wird es in anderen Sprachen gemacht? Zum Beispiel in Ihrer Sprache?

2. *Männersache*

Machen Sie eine Liste von Aufgaben, die Männer <u>normalerweise</u> machen. Vergleichen Sie: Machen <u>Sie</u> diese Aufgaben gerne? Was wollen oder sollten Männer lieber machen?

Kapitel 15

A Hören

1. *Party-Gespräche*   DA Neu 1B 15A1 Ü 2 ⟩

   Lesen Sie zuerst die Fragen. Hören Sie dann die Gespräche und machen Sie Notizen. Beantworten Sie abschließend die Fragen.

1. Warum fährt ein Gast nie wieder nach Mallorca?

   _____

   _____

2. Wohin fährt ein Gast jedes Jahr? _____

3. Warum glaubt ein Gast, er hat Brillanten-Ede erkannt?

   _____

4. Warum gratuliert ein Gast Herrn von Kopra?

   _____

5. Was sagt Herr von Kopra über die Nachbarn?

   _____

6. Warum möchte ein Gast <u>nicht</u> in von Kopras Haus wohnen?

   _____

7. Was gibt es zu trinken?

   _____

8. Warum will ein Gast nichts Alkoholisches trinken?

   _____

B Wortschatz/Strukturen

Was ist richtig? Kreuzen Sie die richtige Lösung an.

1. Im Jahre 2000 _____ die Zahl der Bewohner noch höher _____ .

   - a werden ... werden
   - b wird ... sein
   - c ist ... zu werden
   - d wird ... werden werden

2. Stell das Schild vor die Tür, _____ !

   - a sonst wird er es nicht sehen
   - b sonst werden es nicht gesehen
   - c sonst wird er es nicht sehen werden
   - d sonst kann es nicht sehen werden

3. „Was machst du nächstes Jahr?" – „_____"

    a Ich werde in Wien studieren.
    b Ich werde in Wien zu studieren.
    c Ich werde studiert in Wien.
    d In Wien studieren ich würde.

4. _____ im kommenden Sommer hier bleiben?

    a Wurdet ihr
    b Habt ihr vor
    c Werdet ihr
    d Plant ihr

5. Nur nicht aufgeben! _____.

    a Es werdet besser
    b Es wird schon besser werden
    c Es werdet besser zu werden
    d Es wurde bessern

6. In Zukunft _____.

    a werden wir vorsichtiger sein
    b sind wir vorsichtiger geworden
    c wurden wir vorsichtiger
    d werden wir vorsichtiger sein werden

7. Er wird wohl schon zu Hause sein. Das bedeutet:

    a Er ist noch nicht zu Hause, aber bald.
    b Er wird erst morgen nach Hause kommen.
    c Er war schon zu Hause.
    d Er ist wahrscheinlich zu Hause.

8. Es wird bald dunkel werden. Das bedeutet:

    a Es ist schon Nacht.
    b Die Nacht kommt bald.
    c Man glaubt nicht, daß es dunkel wird.
    d Es ist dunkel geworden.

9. Ich vermute, sie hat ihre Freundin getroffen. Das bedeutet:

    a Sie wird ihre Freundin getroffen haben.
    b Sie hat ihre Freundin getroffen worden.
    c Ihre Freundin wird getroffen haben.
    d Sie hat ihre Freundin nicht getroffen.

10. Wir nehmen an, er hat es nicht verstanden. Das bedeutet:

    a Er wird es nicht verstanden werden.
    b Er wird es nicht verstehen.
    c Er wird es nicht verstanden haben.
    d Er ist nicht verstanden worden.

11. Man erwartet, daß die Zahl der Bewohner abnimmt. Das bedeutet:

    a Die Bevölkerung nehmt wohl ab.
    b Die Bevölkerung wird abgenommen haben.
    c Die Bevölkerung nimmt wahrscheinlich ab.
    d Die Bevölkerung ist abgenommen worden.

12. „Warum hat er gestern nicht gearbeitet?" – „_____"

   a Gestern hat er keine Zeit gehabt haben.
   b Gestern ist wohl keine Zeit gehabt worden.
   c Er wird wohl gestern keine Zeit haben.
   d Er wird gestern keine Zeit gehabt haben.

13. „Ich kann mein Geld nicht mehr finden!" – „_____"

   a Du wirst es wohl im Zug gelassen werden.
   b Du wirst es wohl im Zug gelassen haben.
   c Dein Geld wirst du im Zug zu gelassen haben.
   d Du wirst es wohl vorher verlieren.

14. „Warum hat sie Archäologie studiert?" – „_____"

   a Sie hat sie interessant gefunden worden.
   b Sie wird sie wohl interessant gefunden haben.
   c Sie wird dafür interessieren.
   d Sie wird sie studiert haben.

15. Was meinst du? _____

   a Soll es die Menschen in Zukunft mehr Freizeit geben?
   b Sollten die Menschen in Zukunft mehr Freizeit haben?
   c Sollte der Mensch in Zukunft mehr Freizeit sein?
   d Sollen die Menschen in Zukunft mehr Freizeit können?

16. Da drüben, _____.

   a das kann werden der Bahnhof
   b wäre der Bahnhof sein
   c dürfte bestimmt der Bahnhof haben
   d das müßte der Bahnhof sein

17. „Was denken Sie?" – „_____"

   a Die Probleme müßten noch größer gehen.
   b Die Probleme könnten noch größer werden.
   c Kein Problem ist geworden.
   d Die Probleme werden wohl größer geworden.

18. Eigentlich _____.

   a wäre das nicht sein
   b müßte das nicht sein dürfen
   c kann das nicht sein dürfen
   d dürfte das nicht sein

C Schreiben

1. *Vermutungen und Prognosen*
   Wer stellt welche Vermutung / Prognose an? Ordnen Sie zu.

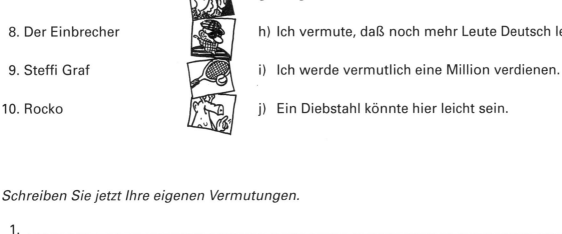

1. Der Bankier		a) Ich werde wohl diesmal den Pokal gewinnen.
2. Brillanten-Ede		b) In den nächsten Jahren wird alles aufwärts gehen. Das glaube ich.
3. Der Politiker		c) Ich finde es gut, wenn Leute vergessen, die Fenster zu schließen. Das wird wohl wieder diesen Sommer passieren.
4. Die Hausfrau		d) Die Schüler könnten mehr leisten.
5. Die Europameisterin		e) Nächstes Jahr werden wir wohl noch mehr Profit machen.
6. Der Inspektor		f) Ich kann mir vorstellen, daß die Preise weiter steigen.
7. Die Lehrerin		g) Möglicherweise bin ich bald nicht mehr Nummer eins.
8. Der Einbrecher		h) Ich vermute, daß noch mehr Leute Deutsch lernen wollen.
9. Steffi Graf		i) Ich werde vermutlich eine Million verdienen.
10. Rocko		j) Ein Diebstahl könnte hier leicht sein.

Schreiben Sie jetzt Ihre eigenen Vermutungen.

1. _____

2. _____

3. _____

4. _____

5. _____

6. _____

7. _____

8. _____

9. _____

10. _____

2. Party

Der Mann (er ist Bankier) und die Frau (sie ist Künstlerin) lernen sich bei einer Party kennen. Schreiben Sie das Gespräch.

○ Guten Tag, haben wir uns nicht schon mal getroffen?

○ _____

_____

○ _____

_____

○ _____

_____

○ _____

_____

○ _____

● _____

_____

● _____

_____

● _____

_____

● _____

_____

● _____

_____

D Dialogsituationen

1. Reise

Angela, Max und Michael fahren in den Semesterferien (April) nach Griechenland. Angela hat den Reisewetterbericht gelesen, Max war schon einmal in Griechenland, und Michael hat sich warm angezogen, weil es in Deutschland kalt ist. Diskutieren Sie, welche Kleidung man mitnehmen sollte, wie das Wetter sein wird und andere Hypothesen.

2. Blaschkes Party

Bei Blaschkes Party ging aber auch alles schief: Es kamen mehr Gäste als erwartet; Herr Blaschke hatte zu wenig gekocht; es gab nicht genug zu trinken; das Essen hat nicht geschmeckt / war nicht das Richtige; sie sprachen kaum miteinander; es war sehr laut ...

Was war denn da bloß los? Diskutieren Sie.

Kapitel 16

A Lesen

1. *Bonbel*

FROMAGERIES BEL·FRANCE
QUALITÄT UND KÄSETRADITION · SEIT 1865

Bonbel.
Das schönste Wort für Butterkäse.

Der einzige Butterkäse, der sich Bonbel nennen darf, kommt aus Frankreich. Bonbel Butterkäse reift nach bester Tradition im ganzen Stück. Das gibt ihm seinen unverwechselbaren, einzigartigen Geschmack: sahnig-mild mit einer feinwürzigen Note. Wer so gut schmeckt, hat sich den Namen »Bonbel« verdient. Oder kennen Sie ein schöneres Wort für Butterkäse?

Was behauptet der Text? Markieren Sie die richtige Antwort.

Bonbel _____.

1. a ist der einzige Butterkäse aus Frankreich.
   b kommt aus Frankreich.
   c gibt es nur im ganzen Stück.

2. a schmeckt sehr gut.
   b ist mehr Butter als Käse.
   c verdient sich ein schöneres Wort.

2. *ADAC*

ADAC rechnet mit
2,5 Millionen Osterurlaubern

München (dpa)

Unter meist grauem Himmel mit Regen- und Graupelschauern bei Temperaturen zwischen sechs und zehn Grad wird während der Osterfeiertage voraussichtlich eine Blechlawine durch Bayern rollen. Der ADAC rechnet bundesweit mit zweieinhalb Millionen Urlaubern, die vor allem in Richtung Süden reisen dürften. Auf den Fernstraßen, auf denen laut Innenministerium sämtliche Baustellen geräumt sind, erwartet der ADAC am Gründonnerstag erste Stauungen, die am Karfreitag ihren Höhepunkt erreichen sollen. Zu Stauungen dürfte es in Bayern vor allem auf den Autobahnen im Bereich des Biebelrieder Kreuzes, zwischen Würzburg und Nürnberg, München und Salzburg, Kempten und Pfronten sowie auf dem Autobahnring der Landeshauptstadt kommen. Außerhalb des Freistaats rechnet der ADAC zwischen Stuttgart und Ulm sowie Karlsruhe und Basel mit zähflüssigem Verkehr. An den Grenzübergängen Salzburg und Pfronten/Reutte müssen sich die Autofahrer voraussichtlich bis zu einer Stunde gedulden.

Kreuzen Sie die richtige Lösung an.

1. Am Wochenende wird das Wetter _____.

    a │ warm und heiter
    b │ kalt und grau
    c │ eine Blechlawine

2. Zweieinhalb Millionen Leute _____.

    a │ werden wahrscheinlich in Urlaub fahren
    b │ werden voraussichtlich in südlichen Ländern
       Urlaub machen
    c │ sind bundesweit vom ADAC gezählt worden

3. Die größten Stauungen erwartet der ADAC _____.

    a │ am Gründonnerstag
    b │ am Karfreitag
    c │ auf Autobahnen

4. In Bayern kommt es zu Stauungen zwischen _____.

    a │ Stuttgart und Ulm
    b │ Karlsruhe und Basel
    c │ Würzburg und Nürnberg

5. An der Grenze müssen Urlauber _____.

    a │ wahrscheinlich eine Stunde warten
    b │ mehr als eine Stunde warten
    c │ sich voraussichtlich mehrere Stunden gedulden

3. *Tips für Ostern*

Ein Service der AZ für alle Fälle — An Ostern für Sie da

Vier arbeitsfreie Tage hintereinander können die meisten Münchner genießen. Damit das problemlos geht, hat die Abendzeitung einen großen Oster-Service zusammengestellt – mit vielen wichtigen Telefonnummern.

Ärzte

Wenn Sie während der Feiertage einen Arzt brauchen: Unter der Telefonnummer **55 86 61** ist rund um die Uhr ein ärztlicher Notdienst zu erreichen. Bitte nehmen Sie diesen Notruf aber nur in Anspruch, wenn Sie ernstlich erkrankt sind.

Apotheken

Brauchen Sie dringend ein Medikament, rufen Sie die Nummer **59 44 75** an. Ein Tonband-Service gibt Auskunft, welche Apotheke in Ihrer Nähe geöffnet hat.

Babysitter

Wenn Mutter und Vater einmal ein paar Stunden ohne die lieben Kleinen entweichen wollen: Der Babysitter-Service ist unter der Nummer **22 92 91** zu erreichen (Anrufbeantworter, es wird zurückgerufen).

Bäder

Wer Ostereier, Osterlamm oder -zopf wieder abtrainieren und etwas für seine Fitness tun möchte, kann dies in den städtischen Bädern tun. Am **Freitag** sind das Westbad und das Michaelibad von 9 bis 18 Uhr geöffnet. Das Dante-Warmfreibad hat von 9 bis 18 Uhr und das Cosima-Wellenbad von 7.30 bis 21 Uhr geöffnet. Am **Samstag** laden alle übrigen städtischen Hallenbäder zum Baden ein. Am **Sonntag** können sich die Badegäste im Westbad und im Michaelibad von 9 bis 18 Uhr, sowie im Dantebad von 9 bis 21 Uhr und im Cosimabad von 7.30 bis 21 Uhr trimmen. Am **Ostermontag** sind alle Hallenbäder von 9 bis 18 Uhr geöffnet. Im Dantebad können die Besucher von 9 bis 21 Uhr und im Cosimabad von 7.30 bis 21 Uhr Badespaß genießen.

Die Olympia-Schwimmhalle ist **Freitag/Samstag/Sonntag** von 7 bis 22.30 Uhr sowie **Montag** von 10 bis 22.30 Uhr geöffnet. Der Freizeitsport-Treff entfällt an den Feiertagen. Für Kinder und Jugendliche gibt es am **Sonntag** kleine Geschenke an den Kassen.

Banken

Wer über die Feiertage Geld „nachtanken" muß, steht in München nicht auf dem trockenen: In der Wechselstube am Hauptbahnhof sind die Schalter **täglich** von 6 bis 23 Uhr geöffnet. Am Flughafen haben die Banken **täglich** von 6.30 bis 22.30 Uhr offen.

Handwerker

Bei verstopften Leitungen oder Störungen an Heizungen, Gas- und Wasseranlagen bieten einige Innungsbetriebe einen Notdienst an, der rund um die Uhr unter der Nummer **3 00 60 18** zu erfahren ist. Weitere Münchner Handwerker-Notdienste haben die Nummern **79 62 43 und 3 51 60 65**.

Wenn's irgendwo einen Kurzschluß gibt – der **Elektro-Notdienst** ist unter den Nummern **5 51 80 90** und **3 81 01 01** zu erreichen. Ein weiterer Elektro-Notdienst hat die Nummer **79 62 43**.

Pannenhilfe

Wenn an den Feiertagen das Auto streikt: Die gelben Engel des **ADAC** können unter der Nummer **1 92 11** gerufen werden. Wer nur eine Information braucht, kann die Nummer **50 50 61** wählen. Die ADAC-Nummer **22 22 22** ist reserviert für alle, die speziell im Ausland in Not geraten. Nummer für Inland-Notrufe **76 76 70**. Zusatz-Service für Nord- und Südbayern ☎ **01 30 8/1 92 11** – Weiterschaltung zur nächsten Pannenhilfs-Zentrale zum Ortstarif.

Rotes Kreuz

Für dringende Notfälle ist das **Rote Kreuz** rund um die Uhr einsatzbereit. Wer dringend einen Krankenwagen und Notarzt braucht, kann die Nummer **19 222** wählen.

Schlüsseldienst

Schlüssel weg, was nun? Auch an den Feiertagen gibt es Hilfe unter der Nummer **79 62 43** und **3 17 30 00**.

Senioren

Wenn man dringend fort muß und einen alten Menschen nicht allein lassen will, kann man den Seniorendienst in Anspruch nehmen. Er ist unter der Nummer **22 92 91** zu erreichen (Anrufbeantworter, es wird zurückgerufen). Unter der Nummer wird auch Tier- und Pflanzenpflege angeboten.

Tankstellen

Denken Sie daran, vor den Feiertagen noch einmal vollzutanken. Die Zapfhähne dürfen zwar rund um die Uhr geöffnet sein, aber das nutzen meist nur die Tankstellen an den Ausfallstraßen.

Taxi

Am schnellsten kommt ein Taxi zu Ihnen, wenn Sie am nächstgelegenen Standplatz (Telefonbuch) anrufen. Die Nummer der Taxi-Zentrale ist **21 61-0** oder **1 94 10**.

Telefonseelsorge

Wenn Sie Probleme haben: Die Mitarbeiter der Telefonseelsorge sind auch an den Feiertagen zu erreichen. Die evangelische Telefon-Seelsorge hat die Nummer **1 11 01**, die katholische **1 11 02**. **Suchtgefährdete** können die Rufnummer **28 28 22** anrufen.

Tierheim

Von **Freitag bis Montag** keine Tiervermittlung. Zugelaufene Tiere können jedoch an allen Tagen abgegeben werden. Ebenso können in der Zeit von 9 bis 12 und von 13 bis 16 Uhr die Besitzer ihre entlaufenen Tiere abholen.

Tierklinik

Für lebensgefährlich erkrankte Tiere finden die Münchner in der Tierklinik Rat und Hilfe. **Telefon 2 18 01**. Unter der Nummer **29 45 28** ist ebenfalls ein tierärztlicher Notdienst zu erreichen.

Diese Museen haben geöffnet

Alte Pinakothek: Freitag geschlossen, Samstag/Sonntag/Montag 9.15 bis 16.30 Uhr. **Neue Pinakothek:** Freitag und Montag geschlossen, Samstag/Sonntag 9.15 bis 16.30 Uhr. **Schack-Galerie:** Freitag/Sonntag geschlossen, Samstag/Montag 9.15 bis 16.30 Uhr. **Antikensammlungen:** Freitag/Sonntag geschlossen, Samstag/Montag 10 bis 16.30 Uhr. **Glyptothek:** Freitag/Montag geschlossen, Samstag/Sonntag 10 bis 16.30 Uhr. **Deutsches Museum:** Freitag/Sonntag geschlossen, Samstag/Montag 9 bis 17 Uhr. **Bayerisches Nationalmuseum:** Freitag geschlossen, Samstag/Sonntag/Montag 9.30 bis 17 Uhr. **Staatliche Graphische Sammlung:** Freitag/Montag geschlossen, Samstag/Sonntag 9.15 bis 16.30 Uhr. **Residenzmuseum mit Schatzkammer:** Freitag/Sonntag geschlossen, Samstag/Montag 10 bis 16.30 Uhr. **Staatliche Münzsammlung:** Freitag/Sonntag geschlossen, Samstag/Montag 10 bis 16.30 Uhr. **Kunstverein:** Freitag/Montag geschlossen, Samstag/Sonntag 10 bis 18 Uhr. **Staatliche Sammlung Ägyptischer Kunst:** Freitag geschlossen, Samstag/Sonntag/Montag 10 bis 17 Uhr. **Städtische Galerie im Lenbachhaus:** Täglich 10 bis 18 Uhr. **Stadtmuseum:** Freitag/Sonntag geschlossen, Samstag/Montag 10 bis 17 Uhr. **Hypo-Kunsthalle:** Täglich 10 bis 18 Uhr. **Reich der Kristalle (Mineralogische Staatssammlung):** Freitag geschlossen, Samstag/Sonntag/Montag 10 bis 18 Uhr.

Deutsches Theatermuseum: Montag geschlossen, Samstag/Sonntag 10 bis 16 Uhr.

Kreuzen Sie die richtige Lösung an.

1. Wenn man zu Ostern Probleme mit dem Auto hat, soll man suchen unter _____.

   a | Handwerker
   b | Telefonseelsorge
   c | Pannenhilfe

2. Wenn man einen herrenlosen Hund findet, sucht man unter _____.

   a | Ärzte
   b | Tierheim
   c | Babysitter

3. Am Karfreitag kann man baden _____.

   a | in allen städtischen Hallenbädern
   b | im Cosimabad sogar bis 21 Uhr
   c | nur in der Olympia-Schwimmhalle

4. Über Ostern _____.

   a | haben nicht alle Apotheken geöffnet
   b | sind alle Apotheken in Ihrer Nähe dienstbereit
   c | kann man dringende Medikamente nur per Telefon bestellen

5. Benzin kann man an den Osterfeiertagen _____.

   a | nur am Sonntag bekommen
   b | nicht überall problemlos tanken
   c | besonders billig an den Feiertagen erhalten

6. Wenn man spät abends in München Geld braucht, muß man _____.

   a | zum Hauptbahnhof gehen
   b | zur Post am Bahnhofsplatz gehen
   c | zur Bank am Flughafen fahren

7. Die städtische Galerie im Lenbachhaus kann man _____.

   a | am Karfreitag besuchen
   b | um 8 Uhr abends besuchen
   c | am Ostermontag um 8 Uhr besuchen

4. Straßenschilder

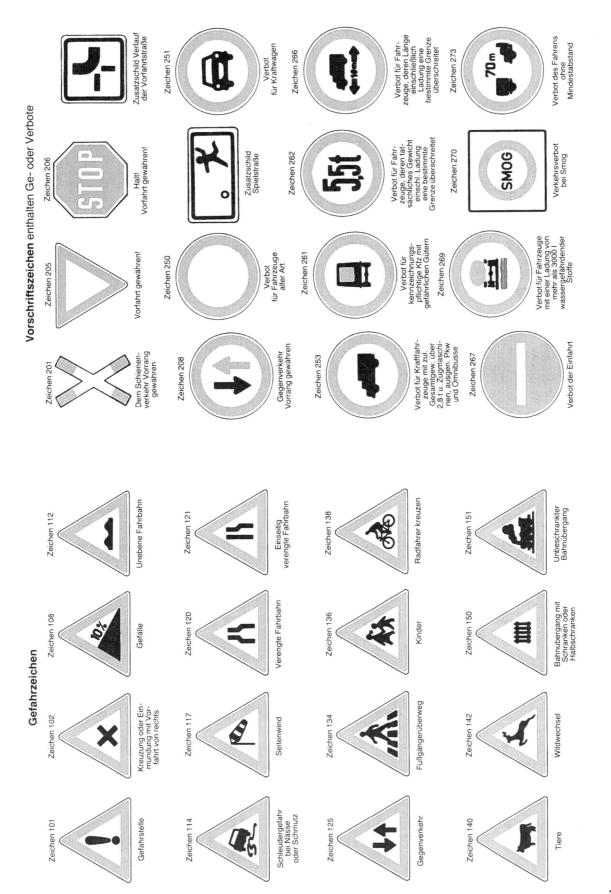

Vorschriftszeichen enthalten Ge- oder Verbote

- Zeichen 251 — Zusatzschild Verlauf der Vorfahrtstraße
- Zeichen 206 — Halt! Vorfahrt gewähren!
- Zeichen 205 — Vorfahrt gewähren!
- Zeichen 201 — Dem Schienenverkehr Vorrang gewähren

- Zeichen 266 — Verbot für Kraftwagen
- Zeichen 262 — Zusatzschild Spielstraße
- Zeichen 250 — Verbot für Fahrzeuge aller Art
- Zeichen 208 — Gegenverkehr Vorrang gewähren

- Zeichen 273 — Verbot für Fahrzeuge, deren Länge einschließlich Ladung eine bestimmte Grenze überschreitet
- Zeichen 270 — Verbot für Fahrzeuge, deren tatsächliches Gewicht einschl. Ladung eine bestimmte Grenze überschreitet
- Zeichen 269 — Verbot für kennzeichnungspflichtige Kfz mit gefährlichen Gütern
- Zeichen 253 — Verbot für Kraftfahrzeuge mit zul. Gesamtgew. über 2,8 t u. Zugmaschinen, ausgen. Pkw und Omnibusse

- Zeichen 273 — Verbot des Fahrens ohne Mindestabstand
- Zeichen 270 — Verkehrsverbot bei Smog
- Zeichen 269 — Verbot für Fahrzeuge mit einer Ladung von mehr als 3000 l wassergefährdender Stoffe
- Zeichen 267 — Verbot der Einfahrt

Gefahrzeichen

- Zeichen 112 — Unebene Fahrbahn
- Zeichen 108 — Gefälle
- Zeichen 102 — Kreuzung oder Einmündung mit Vorfahrt von rechts
- Zeichen 101 — Gefahrstelle

- Zeichen 121 — Einseitig verengte Fahrbahn
- Zeichen 120 — Verengte Fahrbahn
- Zeichen 117 — Seitenwind
- Zeichen 114 — Schleudergefahr bei Nässe oder Schmutz

- Zeichen 138 — Radfahrer kreuzen
- Zeichen 136 — Kinder
- Zeichen 134 — Fußgängerüberweg
- Zeichen 125 — Gegenverkehr

- Zeichen 151 — Unbeschrankter Bahnübergang
- Zeichen 150 — Bahnübergang mit Schranken oder Halbschranken
- Zeichen 142 — Wildwechsel
- Zeichen 140 — Tiere

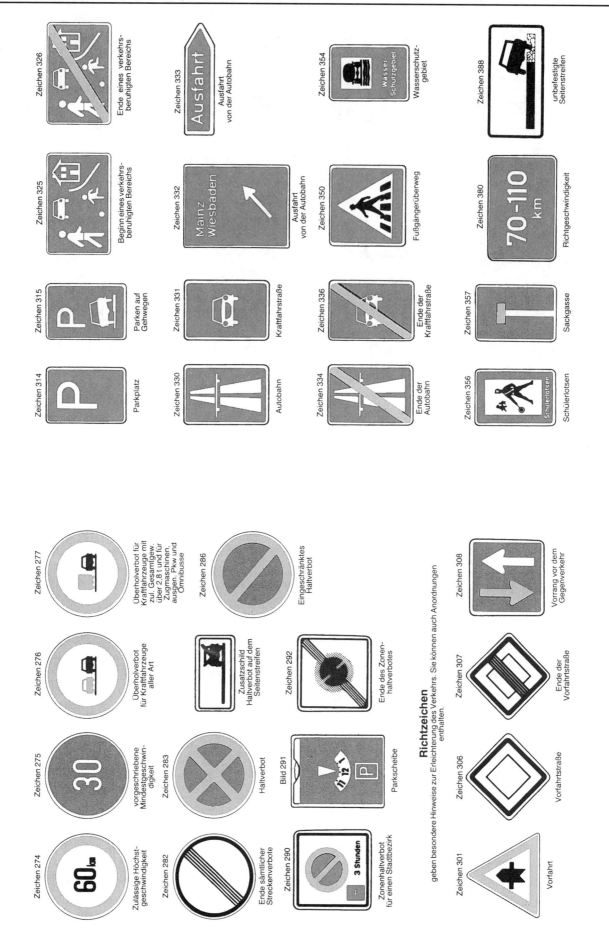

Zeichen 326 — Ende eines verkehrsberuhigten Bereichs

Zeichen 333 — Ausfahrt von der Autobahn

Zeichen 354 — Wasserschutzgebiet — Wasserschutzgebiet

Zeichen 388 — unbefestigte Seitenstreifen

Zeichen 325 — Beginn eines verkehrsberuhigten Bereichs

Zeichen 332 — Mainz Wiesbaden — Ausfahrt von der Autobahn

Zeichen 350 — Fußgängerüberweg

Zeichen 380 — 70–110 km — Richtgeschwindigkeit

Zeichen 315 — Parken auf Gehwegen

Zeichen 331 — Kraftfahrstraße

Zeichen 336 — Ende der Kraftfahrstraße

Zeichen 357 — Sackgasse

Zeichen 314 — Parkplatz

Zeichen 330 — Autobahn

Zeichen 334 — Ende der Autobahn

Zeichen 356 — Schülerlotsen — Schülerlotsen

Zeichen 277 — Überholverbot für Kraftfahrzeuge mit zul. Gesamtgew. über 2,8 t und für Zugmaschinen, ausgen. Pkw und Omnibusse

Zeichen 286 — Eingeschränktes Haltverbot

Zeichen 308 — Vorrang vor dem Gegenverkehr

Zeichen 276 — Überholverbot für Kraftfahrzeuge aller Art

Zusatzschild — Haltverbot auf dem Seitenstreifen

Zeichen 292 — Ende des Zonenhaltverbotes

Zeichen 307 — Ende der Vorfahrtstraße

Zeichen 275 — vorgeschriebene Mindestgeschwindigkeit

Zeichen 283 — Haltverbot

Bild 291 — Parkscheibe

Zeichen 306 — Vorfahrtstraße

Zeichen 274 — 60 km — Zulässige Höchstgeschwindigkeit

Zeichen 282 — Ende sämtlicher Streckenverbote

Zeichen 290 — 3 Stunden — Zonenhaltverbot für einen Stadtbezirk

Zeichen 301 — Vorfahrt

Richtzeichen

geben besondere Hinweise zur Erleichterung des Verkehrs. Sie können auch Anordnungen enthalten.

Kreuzen Sie die richtige Lösung an.

1. Bei welchem Schild ist Parken verboten?

   a 250
   b 283
   c 336

2. Bei welchem Schild kann man von der Autobahn abfahren?

   a 332
   b 108
   c 334

3. Bei welchem Schild weiß man, daß andere Fahrer Vorfahrt haben und daß man warten muß?

   a 306
   b 205
   c 101

4. Wenn man Zeichen 114 sieht, weiß man _____.

   a daß es vorne regnen kann
   b daß die Straße schmutzig ist
   c daß man leicht ins Rutschen kommt

5. Welches Schild zeigt, wie schnell man mindestens fahren muß?

   a 274
   b 275
   c 380

6. Zeichen 138 bedeutet, daß _____.

   a man hier radfahren kann
   b Radfahrer über die Straße fahren dürfen
   c Radfahren hier verboten ist

5. *Miss World*

Miss World oder auch Präsident:
Kinder wollen am liebsten „tolle Jobs"

Nicht mehr Lokführer oder Pilot, nein, Bundespräsident, Rockstar, General oder Politikerin – das sind die aktuellen Traumberufe unserer Kinder. Die Zeitschrift *Eltern* hatte hierzu 1860 Kinder zwischen 8 und 15 Jahren befragt.
5 Wichtigster Trend: 85% der Jugendlichen möchten sich durch einen „tollen Job" deutlich von der Menge abheben. Die meisten sind aber realistisch genug, notfalls etwas Einfacheres zu akzeptieren.

„Traumberuf: Astronaut. Tatsächlich: Schreiner" schreibt
10 ein 12jähriger Hauptschüler. Ein 14jähriges Mädchen ist genauso realistisch: „Mein Traum: Miss World. Die Wirklichkeit: Kellnerin in einer verrauchten Kneipe. Traurig, aber wahr."

Der Wunschtraum einer Schülerin wäre das Ballett. „Ein
15 starker Tänzer wirft mich hoch und hält mich längere Zeit oben. Aber wahrscheinlich werde ich in einer Fabrik arbeiten und nur vom Ballett träumen." „Formel-I-Fahrer ist mein Berufstraum", sagt ein Hauptschüler. „Die Wirklichkeit sieht sicher anders aus: Autoschlosser mit dreckigen
20 Fingernägeln." Ein dreizehnjähriges Mädchen bleibt auch beim Ersatzberuf nicht eben bescheiden: Sie möchte Fernsehstar werden. „Ich wäre aber auch zufrieden als Dirigent eines berühmten Orchesters."

Was ist richtig? Kreuzen Sie die richtige Lösung an.

1.   *Zeile 3–4:*

   a Kinder seit 1860 wollen einen Traumberuf haben.
   b Eine Zeitschrift hatte Kinder zwischen 8 und 15 Jahren befragt.
   c 1860 Kinder zwischen 8 und 15 Jahren haben *Eltern* befragt.

2.   *Zeile 5–8:*

   a Der wichtigste Trend: etwas Einfaches akzeptieren.
   b 85% wollten keinen alltäglichen Job.
   c Die Realistischen akzeptieren einen tollen Job.

3.   *Zeile 9–13:*

   a Schreiner und Kellnerin sind keine Berufe für Hauptschüler.
   b Jugendliche verstehen den Unterschied zwischen Wirklichkeit und Träumen.
   c Ein 12jähriger träumt von einem Schreiner.

4.   *Zeile 14–17:*

   a Eine Schülerin lernt Ballett.
   b Tänzerin ist ein Traumberuf für sie.
   c Sie träumt von einem starken Tänzer, mit dem sie in einer Fabrik arbeiten wird.

5.   *Zeile 17–20:*

   a Kein Autoschlosser hat dreckige Fingernägel.
   b Formel-I-Fahrer werden sehr oft Autoschlosser.
   c Der Hauptschüler träumt von einem Beruf als Rennfahrer.

6.   *Zeile 20–23:*

   a Ein 13jähriges Mädchen möchte einen Ersatzberuf haben.
   b Sie hat keinen bescheidenen Traum.
   c Sie hat einen realistischen Wunsch: Dirigent zu werden.

6. *Muttertagstexte*

Was ärgert Sie am Muttertag?

Inge Weinert, Hausfrau (68): „Am Muttertag kann man ja gar nichts unternehmen, weil alles voll ist! In den Restaurants kriegt man keinen Platz, die Straßen sind verstopft, die Ausflugsgebiete sind überlaufen. Wo soll man mit den Kindern hin? Und immer Blumengeschenke. Ich brauche keine Blumen – gerade jetzt, wo's im Garten blüht."

Dr. Gerd Neises, Geschäftsführer der Elly-Heuss-Knapp-Stiftung (58): *„Mir paßt es nicht, daß es am Muttertag nur so im Privaten abläuft. Dieser Tag sollte wie ein 1. Mai für Mütter sein. In der Öffentlichkeit müßten die Leistungen der Mütter gewürdigt werden. Sie machen den Haushalt, betreuen die Kinder und oft auch Großeltern."*

Christian Russwurm, Flugbegleiter (23): „Mich ärgert, daß alle so in den Druck geraten, unbedingt Kaufen und Schenken zu müssen. Die Mutter kann man doch auch anders feiern. Zum Beispiel, indem man einen schönen Ausflug macht, ins Theater geht oder einfach nur auf Besuch kommt. Meine Mutter will kein anderes Geschenk."

Jürgen Birnhäupl, Bankkaufmann (45): *„Mich ärgert höchstens, daß es Leute gibt, die sich über den Muttertag ärgern. Warum soll es denn keinen Tag geben, an dem man die Mutter besonders feiert? Natürlich darf man sie aber auch sonst nicht vergessen, das ist doch klar."*

Interviews:
Barbara Czermak

Kreuzen Sie die richtige Lösung an.

1. Inge Weinert mag Muttertag nicht. Sie sagt, _____.

   a man kann an diesem Tag eigentlich nichts machen
   b ihr Leben ist voll
   c sie mag Blumengeschenke

2. Es ärgert sie, _____.

   a daß man so viel unternehmen kann
   b daß die Restaurants geschlossen sind
   c daß zu viele Leute in den Ausflugsgebieten sind

3. Sie mag keine Blumengeschenke, denn _____.

   a sie bekommt immer schöne Blumengeschenke
   b sie hat Blumen im Garten
   c sie mag gerade jetzt keine Blumen

4. Christian ärgert:

   a Alle glauben, sie müssen etwas schenken.
   b Die Mütter feiern anders.
   c Es kommt Besuch.

5. Christian möchte lieber mit seiner Mutter _____.

   a irgendwohin fliegen
   b Freunde besuchen
   c ins Theater gehen

6. Herr Birnhäupl _____.

   a ärgert sich über den Muttertag
   b ist sehr dafür, daß man Muttertag feiert
   c meint, man soll an die Mutter denken, das genügt

B Hören

1. *Steffi*
   Hören Sie den Text. Schreiben Sie alles genau mit (Wort für Wort).

   DA Neu 1B 16A1

Steffi Graf, 17 Jahre, 1.73 Meter groß und 56 Kilo leicht,

_____

_____

_____

_____

_____

Und ihr Vater grinst stolz: "_____

_____."

C Wortschatz/Strukturen

Was ist richtig? Kreuzen Sie die richtige Lösung an.

1. Studenten reden zuviel _____.

    a auf Sport
    b an Sport
    c über Sport
    d neben Sport

2. Gute Eltern kümmern sich _____.

    a um ihre Kinder
    b für ihre Kinder
    c an ihre Kinder
    d auf ihren Kindern

3. Rocko erinnert sich noch _____.

    a über seine erste Krankheit
    b von seiner ersten Krankheit
    c bei seiner ersten Krankheit
    d an seine erste Krankheit

4. Die Firma wartet immer noch _____.

    a auf seine Antwort
    b auf seinem Brief
    c für seine Antwort
    d an seinen Brief

5. Viele Leute interessieren _____.

    a sich an Tennis
    b von Tennis
    c sich für Olympische Spiele
    d in Olympischen Spielen

6. _____ soll man sich bei Zahnschmerzen wenden?

   a Woran
   b An wen
   c Wobei
   d Für was

7. _____ will die Werbung aufmerksam machen?

   a Auf wo
   b Worauf
   c An wen
   d Woran

8. _____ leiden die meisten älteren Leute?

   a Worauf
   b Auf was
   c Woran
   d Wovon

9. _____ geht hervor, daß die Deutschen immer umweltfreundlicher denken?

   a Woraus
   b Worauf
   c Wovon
   d Wovor

10. _____ sind viele Jugendliche nicht vorbereitet?

   a Wovor
   b Worauf
   c Womit
   d Wodurch

11. Einen Belichtungsregler kann man _____.

   a zubereiten
   b tun
   c verschieben
   d kopieren

12. Wenn man 18 ist, kann man den Führerschein _____.

   a erwerben
   b abrufen
   c einstellen
   d tun

13. Der Interviewer hat eine Menge Fragen _____.

   a gesetzt
   b gelegt
   c haben
   d gestellt

14. Zwei Lastwagenfahrer _____ beim Unfall ihre Hilfe _____.

   a haben ... angeboten
   b sind ... bekommen
   c haben ... gekümmert
   d haben ... geben

D Schreiben

1. *Kinderschutzbund*

   Sie arbeiten für den Kinderschutzbund. Ein Reporter möchte wissen, was der Kinderschutzbund macht. Schreiben Sie das Gespräch und beschreiben Sie, was der Deutsche Kinderschutzbund (DKSB) für Kinder macht, welche Probleme die Kinder haben usw.

○ Warum brauchen wir heute noch einen Kinderschutzbund?

● _____

   _____

   _____

   _____

○ Welche Probleme sehen Sie dabei? Gibt es eine „Schattenseite"?

● _____

   _____

   _____

   _____

○ Wo liegen die Ursachen für diese Probleme?

● _____

   _____

   _____

   _____

○ Wie sieht Ihr Programm aus? Wie helfen Sie?

● _____

   _____

   _____

   _____

○ Vielen Dank für das Interview und alles Gute.

2. *Lieblingssportler*

Sie haben Ihre Lieblingssportlerin/Ihren Lieblingssportler kennengelernt. Jetzt schreiben Sie einem Freund/einer Freundin und beschreiben Ihr Gespräch mit der Nummer 1.

3. *Nahrungsmittel*

Erstellen Sie eine Liste von 10 Nahrungsmitteln und 8 Getränken für Ihr Land. Wie, glauben Sie, hat sich der Pro-Kopf-Verbrauch in den letzten 10 Jahren verändert? Schreiben Sie.

E Dialogsituationen

1. *Interview mit Steffi Graf*

Machen Sie ein Interview mit Steffi über ihre Erfolge und Probleme und über ihre Zukunft.

2. *Wie wird sich der professionelle Sport weiterentwickeln?*

Stellen Sie Prognosen und Hypothesen auf und diskutieren Sie.

3.3 Grundstufe Deutsch 1C

Kapitel 17

A Hören

1. *Bei den Eltern wohnen oder ausziehen?*
   Interview mit Eckehard

   DA Neu 1C 17A2a ⊳

Hören Sie das Interview und kreuzen Sie an.
Ist die Information richtig, falsch oder nicht im Hörtext?

	richtig	falsch	nicht im Hörtext
1. Eckehard ist schon ein Jahr mit der Schule fertig.			
2. Er macht seinen Zivildienst, weil Zivildienst länger ist als Militärdienst.			
3. Seine Eltern machten sich Sorgen um Eckehard und konnten nicht schlafen.			
4. Seine Eltern haben ihm gesagt, daß er eine eigene Wohnung suchen soll.			
5. Er konnte keine Wohnung finden, weil er so wenig Geld hatte.			
6. 4 junge Leute wohnen in der Wohngemeinschaft.			
7. Die WG hat mehr positive als negative Seiten.			
8. Eckehard will manchmal allein sein, aber das ist nicht so leicht in der WG.			
9. Eine WG ist nicht so teuer wie eine Wohnung.			
10. Eckehard besucht seine Eltern nicht mehr.			

B Wortschatz/Strukturen

Kreuzen Sie die richtige Lösung an.

1. Der Tisch ist schon vor einer Stunde gedeckt worden. Jetzt _____.

   a wird der Tisch gedeckt
   b war der Tisch gedeckt
   c ist der Tisch gedeckt
   d hat der Tisch gedeckt worden

2. _____ auf dem Foto ist mein Bruder.

   a Der lächelnder Mann
   b Ein lächelnde Mann
   c Der lächelnde Mann
   d Den lächelnden Mann

3. Was macht der Bankier mit _____?

   a seines schweres verdientes Geld
   b seinem schwer verdienten Geld
   c seinem schwer verdientes Geld
   d sein schwerem verdientem Geld

4. In der Ecke stand _____.

   a ein gedecktes Tisch
   b einen gedeckten Tisch
   c ein gedeckter Tisch
   d ein gedeckten Tisch

5. Für morgen werden _____ vorhergesagt.

    a zurückgehende Temperaturen
    b zurückgegangene Temperature
    c zurückgehenden Temperaturen
    d zurückgegangenen Temperaturen

6. _____ wurden ins Bett gelegt.

    a Das schlafende Kind
    b Die schlafenden Kinder
    c Die schliefenden Kindern
    d Die schlafende Kinder

7. Wenn ich Geld _____, _____ ich _____.

    a hatte, zöge ... aus
    b hätte, zog ... aus
    c hätte, würde ... ausziehen
    d hätte, wäre ... ausziehen

8. Wenn ich allein wäre, _____.

    a würde ich mehr reisen
    b sei ich mehr gereist
    c wäre ich mehr reisen
    d würde ich gereist werden

9. Wenn er wirklich Bungie-Jumping machen wollte, _____.

    a täte er es
    b tüte er es
    c würdet er es tun
    d wäret er es tun

10. Wenn meine Eltern nicht so streng _____.

    a seien, kann ich bleiben
    b würden, hätte ich zu Hause bleiben
    c wären, würde ich zu Hause bleiben
    d hätten, so bleiben würde ich

11. Wenn sie mit siebzehn ausgezogen wäre, _____.

    a gäbe es damals eine Auseinandersetzung mit den Eltern
    b wäre es eine Auseinandersetzung mit den Eltern gegeben
    c könnte es ein Problem mit den Eltern geben
    d hätte es eine Auseinandersetzung gegeben

12. Ich wäre öfters gereist, _____.

    a wenn ich mehr Geld verdiene
    b verdiene ich mehr Geld
    c wenn ich mehr Geld gehabt hätte
    d wäre ich mehr verdient haben

13. Wenn ich meinen Schlüssel vergessen hätte, _____.

    a würde ich bei den Nachbarn geklingeln
    b muß ich bei den Nachbarn klingeln
    c wäre ich bei den Nachbarn geklingelt
    d hätte ich bei den Nachbarn klingeln müssen

14.   Wären seine Argumente besser gewesen, _____ .

   a│ hätte sie seine Ideen leichter akzeptiert
   b│ wären seine Ideen akzeptiert geworden worden
   c│ leichter hätte sie sie akzeptiert
   d│ akzeptiert hätte sie sie leichter

C Schreiben

1. *Elham denkt anders*
   Was sagt Elham zu Petra? Schreiben Sie.

Petra: Ich lebe gern hier, weil es ruhiger ist. Ich habe aber zu Hause Probleme mit der Familie.

Elham: _____

_____

_____

_____

Petra: Mein Vater denkt anders. Seine Meinungen sind anders und er ist von seiner Meinung überzeugt. Ich kann nicht mit ihm sprechen.

Elham: _____

_____

_____

_____

Petra: Ich will aber auf eigenen Füßen stehen und mehr Freiheit haben.

Elham: _____

_____

_____

_____

2. *Ein Tag auf der Bank*
   Sie sind Bankangestellte(r). Heute waren Sie sehr beschäftigt, es war viel Betrieb. Beschreiben Sie einem Kollegen/einer Kollegin die Kunden und was sie wollten.

○ Was war denn heute los auf der Bank? Du bist so kaputt.

● Furchtbar, es war einfach furchtbar. Zuerst _____

_____

_____

_____

_____

_____

_____

_____

_____

_____

_____

_____

○ _____

3. *Hund rettet Kind!*
   So lautet die Überschrift (Schlagzeile) in der Zeitung. Hier sind die Protokollnotizen der Polizei mit den ungefähren Zeiten und Ereignissen:

14.30 UHR: Kind zu Spielplatz gegangen
14.45 UHR: weggelaufen Richtung Fluß
16.00 UHR: Kind nicht zurück; Mutter ruft Polizei an
16.30 UHR: Kind gefunden; naß; Hund hat es
           aus dem Fluß geholt
17.00 UHR: Krankenhaus: keine schweren Verletzungen;
           leicht unterkühlt

Sie sind Reporter(in). Schreiben Sie einen kurzen Artikel für die Zeitung.

D Dialogsituationen

1. *Ausziehen oder zu Hause wohnen?*

Was spricht dafür, was spricht dagegen? Diskutieren Sie mit Ihrem Kurs.

2. *Immer mehr junge Männer wohnen länger bei ihren Eltern.*

Formulieren Sie Ihre Meinung dazu. Vergleichen Sie mit Ihren Erfahrungen.

Kapitel 18

A Hören

1. *Lied der Kinder*
   Hören Sie das Lied. Schreiben Sie dann die Zeilen zu Ende. Hören Sie das Lied abschließend noch einmal.

DA Neu 1C 18A3

Abends wird es _____,

Mutter ist _____,

Vater kommt nach _____,

alles _____!

Wir woll'n _____,

Er will uns nicht _____,

Er will uns nicht _____,

weil _____.

„Ihr seid jetzt ganz mucksmäuschenstill,

_____."

Vater ist _____,

Seine Nerven _____.

Seine Arbeit _____

ihm nicht _____.

Morgens _____ ,

abends _____ .

Können vielleicht _____

was _____ ?

„Ach, meine Nerven! Ruhe! Raus!

Ich halte das _____ !"

Jedes dufte _____

wird Mama _____ .

Was zum _____ ,

nennt sie _____ .

Ist dann mal _____ ,

und der Spaß _____ ,

brüllt sie gar nicht _____ :

„_____ !"

B Wortschatz/Strukturen

Kreuzen Sie die richtige Lösung an.

1. Der Beamte fragt: „Wann habt ihr eigentlich geheiratet?" heißt in indirekter Rede:

a	Er fragt, wenn ihr eigentlich geheiratet habt.
b	Er fragt, wann wir eigentlich geheiratet haben.
c	Er fragt, ob wir eigentlich geheiratet haben.
d	Er fragt, ob sie eigentlich geheiratet haben.

2. „Ich möchte gerne wissen, ob Sie beide berufstätig waren" heißt in direkter Frage:

a	„Bist du beide berufstätig?"
b	„Wenn wart Ihr beide berufstätig?"
c	„Seid Ihr beide berufstätig gewesen?"
d	„Wären Sie beide berufstätig?"

3. Die Lehrerin wollte wissen, wie viele Teilnehmer damals im Kurs waren.

a	„Waren damals viele Teilnehmer im Kurs?"
b	„Ob damals viele Teilnehmer im Kurs waren?"
c	„Wie viele Teilnehmer waren damals im Kurs?"
d	„Waren die Teilnehmer damals wie viele im Kurs?"

4. Leute, die unter einer Diktatur leben, kennen keine Freiheit, aber sie _____ .

   a sehnen sich danach
   b sehnen davon
   c sehnen sich davon
   d sehnen sich um

5. Der Pfarrer sprach von einem friedlichen Miteinander und hat die Leute _____ aufgerufen.

   a dazu
   b darauf
   c davor
   d daran

6. Auf dieser Straße gibt es große Gefahren. Die Polizei hatte mehrfach _____ gewarnt.

   a davon
   b darauf
   c davor
   d dagegen

7. Wir haben uns schnell _____ eingestellt, daß unser Leben anders sein wird.

   a darauf
   b darin
   c dazu
   d dafür

8. Ich interessiere mich sehr _____ , wie man die finanziellen Probleme der 3. Welt lösen könnte.

   a darauf
   b dafür
   c in das
   d darin

9. Wir freuen uns schon sehr _____ , dich bald wiederzusehen.

   a daß
   b dazu
   c dahin
   d darauf

10. Man soll _____ achten, daß man nicht zu viel Alkohol trinkt.

    a ————
    b darauf
    c daraus
    d dafür

11. _____ wartest du?

    a Wofür
    b Worauf
    c Für wen
    d Auf wem

12. _____ redet ihr?

   a Über wen
   b Worauf
   c Woran
   d Wogleich

13. _____ riecht es hier?

   a Wonach
   b Wovon
   c Von wem
   d Womit

14. „Unser Langzeitgedächtnis ist wie eine Bibliothek", sagte der Psychologe. _____ hat er
    das Langzeitgedächtnis verglichen?

   a Wogegen
   b Zu wem
   c Wovon
   d Womit

15. „Er hofft, daß die Zukunft besser sein wird." – „Entschuldigung, das habe ich nicht verstanden:
    _____ "

   a Woran hofft er?
   b Wonach hofft er?
   c Worauf hofft er?
   d Auf wem hofft er?

16. „Die privaten Rundfunkanstalten bekommen keine Rundfunkgebühren." – „_____ finan-
    zieren sie sich?"

   a Worauf
   b Wie
   c Woran
   d Worin

17. _____ lachen Sie?

   a Wonach
   b Worüber
   c Worunter
   d Worauf

C Schreiben

1. *Überfall*

   *Vor 1 Stunde hat es einen bewaffneten Überfall auf eine Bank gegeben: eine große Summe Geld
   wurde erbeutet; der Täter wurde später gefaßt; das Geld wurde im Fluchtauto gefunden (sicherge-
   stellt). Als Polizisten (Polizistinnen) müssen Sie nun ein Protokoll machen:*

   a) vom Überfall: mit der Bankangestellten Elke Herrmann;
   b) von den Motiven und der Vorbereitung: mit dem Täter;
   c) davon, wie Sie den Täter festgenommen und das Geld gefunden haben.

2. *Hausarbeit*

Nehmen wir einmal an, daß in einigen Kulturen Frauen sehr wenig im Haushalt machen, weil das die Rolle der Männer ist. Schreiben Sie ein Gespräch zwischen einer deutschen Frau und einer Frau aus einem Land, in dem die Männer den Haushalt machen.

Oder schreiben Sie: Wer sollte was im Haushalt machen?

D Dialogübungen

1. *Der Rattenfänger von Hameln*

Erzählen Sie die Geschichte nach.

2. *Familienbeziehungen*

Berichten oder erzählen Sie von Familienbeziehungen in Ihrer Kultur. Wie waren sie früher, wie haben sie sich verändert?

Kapitel 19

A Hören

1. *Taugenichts*
   Hören Sie den Text. Welche Information ist (a) im Text, welche ist (b) nicht im Text?
   Tragen Sie die richtige Antwort bei (a) oder (b) ein.

DA Neu 1C 19A1

	a	b
1. Der Schnee schmilzt.		
2. Es ist früh am Morgen.		
3. Der Vater hat schon seit Stunden in der Mühle gearbeitet.		
4. Der Vater schickt den Sohn fort, weil er kein Brot mehr hat.		
5. Der Sohn war ein schlechter, aber begeisterter Musiker.		
6. Während der Sohn wegging, sah er viele Kameraden, die mitgehen wollten.		
7. Der Sohn fühlte sich so traurig wie am Sonntag, als er das Dorf verließ.		

B Wortschatz/Strukturen

Kreuzen Sie die richtige Lösung an.

1. Wie heißt die Berufsbezeichnung richtig?

   a) Köcherin
   b) Köcher
   c) Köchin
   d) Kochin

2. Wie heißt die Berufsbezeichnung richtig?

   a) Chemger
   b) Chemiker
   c) Chemigraph
   d) Chemmann

3. Wie heißt die Berufsbezeichnung richtig?

    a   Apotheke
    b   Apothekin
    c   Apothekenhelferin
    d   Apothekenhelfin

4. Wie heißt das Studienfach richtig?

    a   Archäolie
    b   Archäomatik
    c   Archäonistik
    d   Archäologie

5. Wie heißt das Studienfach richtig?

    a   Publizistik
    b   Pubertät
    c   Publitik
    d   Publistik

6. Welches Studienfach gibt es?

    a   Polimistik
    b   Volkswirtschaftslehre
    c   Betriebswirtschaftsleere
    d   Völkerrunde

7. Welches Studienfach gibt es?

    a   Psychik
    b   Elektronistik
    c   Gesichte
    d   Jura

C Schreiben

1. *Schreiben Sie kleine Texte.*

Beispiel:

1. ○ Was hat sie von dem Diebstahl gemerkt?
    ● Nichts hat sie gemerkt.
    ●● Das glaube ich nicht. Meiner Meinung nach hat sie es sehr früh gemerkt.

1. gemerkt haben – sie – von dem Diebstahl – nichts
2. abgeschlossen haben – die Studentin – den Vertrag – gestern
3. Vergnügen bereiten – Babys – Vivaldi und Mozart – vor allem
4. geben – Russischkurse – an der VHS – immer wieder
5. nachbringen – dem Mann – ins Hotel – heute noch – das Gepäck
6. verbieten wollen – das Rauchen – seit 2 Jahren – mir – der Arzt

2. _____

_____

_____

3. _____

_____

_____

4. _____

_____

_____

5. _____

_____

_____

6. _____

_____

_____

2. Entfremdung

Tülin Emircans Text enthält einen Du-Adressaten. Nehmen Sie an, Sie sind dieser Du-Adressat. Erklären Sie die Ereignisse aus Ihrer Perspektive.

D Dialogübungen

1. *Verlorenes Gepäck*
   Sie haben Ihr Gepäck am Flugplatz in Djakarta (Indonesien) aufgegeben, aber es ist nicht angekommen.

a. Fragen Sie an der Gepäckabfertigung in Frankfurt, was mit dem Gepäck los ist.
b. Erklären Sie dann dem Zoll, daß Sie kein Gepäck haben (was Ihnen der Zollbeamte nicht glaubt).
c. Rufen Sie zwei Tage später bei der Fluggesellschaft an und fragen Sie, wo Ihr Gepäck bleibt.
d. Beschweren Sie sich bei der Fluggesellschaft und sprechen Sie über die Konsequenzen.

2. *Kurs belegen*

Sie möchten einen Kurs an der Volkshochschule/am Goethe-Institut/an der Uni belegen, aber nicht gern allein. Rufen Sie einen Freund/eine Freundin an und versuchen Sie, ihn/sie zu überzeugen, daß es besser ist, wenn Sie den Kurs zusammen machen. Als Freundin/Freund müssen Sie aber wissen: Die Kurse sind natürlich nicht billig, und vielleicht haben Sie schon andere Pläne für die Kurszeiten ….

3. *Erzählen*

Erzählen Sie die Geschichte vom „Taugenichts".

4. *Fremde und Heimat*

Marlene Dietrich hat einmal gesagt: „Die Fremde ist nicht Heimat geworden, aber die Heimat Fremde." Wie ist Ihre Meinung dazu? Begründen Sie bitte, geben Sie Beispiele und diskutieren Sie mit Ihrem Kurs.

Kapitel 20

A Lesen

1. *Freizeitstreß*

Die große Angst, etwas zu verpassen

Studie: Junge Leute stöhnen unter dem Freizeitstreß

Hamburg – Eine neue Art von Anstrengung raubt jungen Leuten den Schlaf: Der Freizeitstreß. Zumindest behauptet der Hamburger Erziehungswissenschaftler und Professor Horst Opaschowski, daß bereits 79 Prozent der 14- bis 19jährigen über zu wenig Nachtruhe klagen – weil sie einfach zu viele Freizeitangebote haben.

Das entnimmt der Wissenschaftler einer Repräsentativuntersuchung des BAT-Freizeit-Forschungsinstituts, in der 2000 Jugendliche ab 14 Jahren befragt wurden. Fast 60 Prozent gaben zu, daß sie „schlicht zu viele Freizeitinteressen" hätten und sich am Feierabend und am Wochenende „zu viel vornehmen". Opaschowski sieht hier eine Parallele zum Berufsstreß: „Im Beruf ist es die Angst, zu versagen. In

Freizeitstreß beim Windsurfen: Bei diesem schnellen, anstrengenden Sport kommen Hektiker auf ihre Kosten.
Foto: Strub

der Freizeit die Angst, etwas zu verpassen."

Die neue Freizeitformel, die allem den Stempel der Hektik aufdrücke, laute: „Mehr tun in gleicher Zeit." Alles, was länger als zwei Stunden dauere, sei bei jungen Leuten out. „Die Jugendlichen, so Opaschowski, „wollen dauernd etwas Neues erleben."

Ohne sich zu lange bei einer Beschäftigung aufzuhalten, springen sie von einem Freizeitprogramm zum anderen. In den USA wurde bereits ein neuer Begriff für den selbstverordneten Freizeitstreß geprägt: Hopping. Es gebe TV-Hopping, Party-Hopping, oder Sport-Hopping. Opaschowski: „Weil sie nirgends einen Ruhepunkt finden, droht die Gefahr, daß die Jungendlichen die Kontrolle über sich selbst verlieren."

Was ist richtig? Kreuzen Sie an.

1. a Junge Leute haben wenig Nachtruhe, weil die Freizeitangebote zu groß sind.
    b Junge Leute zwischen 14 und 19 rauben dem Erziehungswissenschaftler Professor Opaschowski den Schlaf.
    c Der Hamburger Wissenschaftler behauptet etwas ohne eine wissenschaftliche Untersuchung.

2. a 60 % haben viele Wochenenden und Feierabende.
    b Circa 60 % nehmen sich zu viel am Wochenende und am Feierabend vor.
    c 79 % der Jugendlichen (das ist die Gruppe von 14–19) haben Freizeit.

3. a Das Freizeit-Problem: Junge Leute wollen besser sein in Beruf und Freizeit.
    b Junge Leute wollen sehr viel tun, sie haben aber nicht mehr Zeit.
    c Der Stempel der Hektik darf nicht länger als 2 Stunden dauern.

4. a Die Jugendlichen wissen nicht mehr genau, was sie tun, wenn sie keinen Ruhepunkt haben.
    b Wenn man keinen Freizeitstreß hat, kommt es zum „hopping".
    c „Freizeitprogramm" ist das deutsche Wort für „TV-hopping".

2. *Gutes Benehmen*

GUTES BENEHMEN
Von der Begrüßung bis zum Gastgeschenk

Serie: Gutes Benehmen

Die Zeiten allzu lässigen Auftretens sind vorbei – heute ist gutes Benehmen wieder gefragt. Doch glücklicherweise wurden die starren Regeln, die Freiherr von Knigge 1788 aufstellte, gründlich entstaubt. Gutes Benehmen heißt heute vor allem: Hilfsbereitschaft, Freundlichkeit und Aufeinanderzugehen. Lesen Sie hier, wie Sie sich in alltäglichen Situationen, im Umgang mit Vorgesetzten oder Bekannten, als Gast oder Gastgeber richtig verhalten

Begrüßung

● Handschlag

Die Begrüßung mit Händedruck ist heute nur noch bei offiziellen Anlässen, beim Vorstellen oder Wiedersehen nach langer Zeit nötig. Wichtig ist, daß man sich dabei – am besten mit einem Lächeln – in die Augen schaut.

Zuerst wird die Gastgeberin, dann der Gastgeber begrüßt, erst im Anschluß daran andere Gäste. Dabei reicht SIE ihm die Hand, der oder die Ältere dem/der Jüngeren. Dieselbe Reihenfolge gilt übrigens auch beim Verabschieden. Sieht man sich öfter, wird aufs Händeschütteln inzwischen oft verzichtet. Ein Nicken mit dem Kopf, ein Blickkontakt und ein freundliches „Hallo!" reichen aus und gelten heute nicht mehr als unhöflich.

Vorstellen

● In der Öffentlichkeit

Das etwas steife „Darf ich vorstellen" ist heute nur noch bei offiziellen Anlässen Pflicht. Auf der Party, beim Sport oder auf der Straße erklärt man statt dessen kurz, wer der oder die Neue ist, und macht ihn bzw. sie mit allen Anwesenden bekannt. Generell werden Männer den Damen vorgestellt, jüngere Menschen den älteren. Floskeln wie „Sehr erfreut" oder „Angenehm" haben ausgedient. Statt dessen begrüßt man mit „Guten Tag/Abend" und der Anrede.

● Am Arbeitsplatz

Neu eingestellte Mitarbeiter werden vom direkten Vorgesetzten den Kollegen vorgestellt, mit denen sie künftig zusammenarbeiten werden. Pflicht ist die Begrüßung mit Handschlag. Die Kür besteht in ein paar freundlichen Worten, mit denen der oder dem neuen Kollegen der Start etwas leichter gemacht wird.

Anrede

● Vom Sie zum Du

Man kennt sich schon eine ganze Weile, war zusammen ein paarmal essen und hat über Gott und die Welt geplaudert und sich gut verstanden. Eigentlich wäre es jetzt Zeit, sich zu duzen. Aber wer fängt damit an? Zwar sollte grundsätzlich der Vorgesetzte das „Du" anbieten oder der bzw. die Ältere oder der Mann. Ganz so streng nimmt man es damit heute jedoch nicht mehr – vor allem dann, wenn man bereits ein relativ persönliches Verhältnis hat. Außerdem ist auch eine Kombination von Vornamen und dem „Sie" („Marianne, könnten Sie mal ...") besonders im Norden Deutschlands sehr verbreitet und gilt im täglichen Umgang nicht als unhöflich.

Kreuzen Sie die richtige Lösung an.

1. a Begrüßung mit Handschlag ist heute nur noch mit einem Lächeln in den Augen nötig.
   b Gastgeber sollte man nach einer bestimmten Reihenfolge mit Handschlag begrüßen.
   c Ein Nicken mit dem Kopf oder ein freundliches Hallo sind nicht nur heute mehr als unhöflich.

2. a Auf einer Party oder auf der Straße stellt man sich nur kurz vor und geht dann sofort weiter.
   b „Sehr erfreut" und „Angenehm" sind besser als andere Anreden.
   c Ein neuer Kollege wird mit Handschlag begrüßt.

3. a Wer mit dem Duzen anfängt, ist heute nicht mehr so wichtig.
   b Bevor man ein paarmal essen geht, sollte man sich duzen.
   c Kombinationen von Vornamen und Sie sind nicht höflich.

3. *Trinkwasser*

Verwendung des Trinkwassers im Haushalt

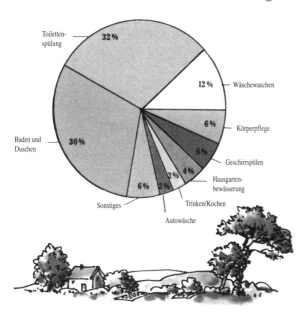

Toilettenspülung 32 %
Wäschewaschen 12 %
Körperpflege 6 %
Geschirrspülen 6 %
Hausgartenbewässerung 4 %
Trinken/Kochen 2 %
Autowäsche 2 %
Sonstiges 6 %
Baden und Duschen 30 %

Es ist für uns alle selbstverständlich geworden, daß Trinkwasser jederzeit und in beliebiger Menge zur Verfügung steht – und wir bedienen uns reichlich! So werden in der Bundesrepublik Deutschland täglich 147 l Wasser pro Einwohner verbraucht.

Nur ein geringer Teil dieser Wassermenge wird zum Trinken und Kochen, der weitaus größte Teil (nahezu 98 %) für vielerlei andere Zwecke (z. B. Baden, Duschen, Geschirrspülen, Wäschewaschen, Toilettenspülung) verwendet.

In vielen Bereichen ist ein sparsamer Verbrauch des Trinkwassers möglich, ohne daß auf Hygiene und gewohnten Komfort verzichtet werden muß.

Ziehen Sie das Duschen einem Wannenbad vor. Für ein Vollbad benötigen Sie 150–180 Liter, für ein Duschbad dagegen nur 30–50 Liter.

Stellen Sie während des Einseifens die Dusche ab.

Benutzen Sie beim Zähneputzen einen Zahnputzbecher.

Achten Sie auf wassersparende Einrichtungen.

– Durchflußmengenbegrenzer, die auch in Verbindung mit Luftsprudlern angeboten werden, sind billige Zusatzteile. Sie sind auf fast alle Wasserhähne aufschraubbar.

– Bis die gewünschte Mischwassertemperatur erreicht ist, fließt bei Zweigriff-Armaturen viel Wasser ungenutzt ab. Diese Verluste werden bei Einhandmischern mit Thermostat weitgehend verhindert.
Lassen Sie sich von Ihrem Installateur beraten.

Achten Sie auf wassersparende Einrichtungen, wenn Sie Ihre Badausstattung erneuern möchten.

Die neuen Spülkastenmodelle sind z. B. mit einer Spartaste ausgerüstet, die eine Unterbrechung des Spülvorganges ermöglicht. Die Wasserersparnis beträgt ca. 40 % des Spülwassers, das entspricht ungefähr 18 Liter pro Person und Tag.

Ähnliche Einsparungen lassen sich mit den neuen 6 Liter-WC-Toilettenbecken und Spülkästen erzielen. Achten Sie auf das Vorhandensein der Prüfzeichen.

Nutzen Sie immer die volle Geräteauslastung aus.

Achten Sie beim Kauf eines neuen Haushaltsgerätes auf die Angaben in Bezug auf Energie- und Wasserverbrauch.

Benutzen Sie für gering verschmutzte Wäsche oder für kleinere Füllmengen die Sparprogramme.

Verzichten Sie auf eine Vorwäsche bei 95°-Programmen.

165

Bewässern Sie nur, wenn es wirklich nötig ist, und achten Sie auf die Bedarfsmengen der Pflanzen.

Gießen Sie nur die Pflanzen und nicht die Betonplatten.

Geben Sie den Pflanzen nur Wasser, wenn es kühl ist, d.h. nicht tagsüber, sondern abends.

Zeigen Sie, daß Sie umweltbewußt denken, und verzichten Sie auf das Rasensprengen. Ein während der Trockenzeit gelb gewordener Rasen erholt sich wieder.

Verwenden Sie zur Gartenbewässerung Regenwasser, das in Regentonnen gesammelt wurde.

Verhalten Sie sich umweltbewußt, und verzichten Sie insbesondere in Trockenzeiten auf die Autowäsche.

Bitte waschen Sie Ihr Auto nicht jede Woche oder sogar mehrmals in der Woche.

Waschen Sie Ihr Auto stets mit Eimer und Schwamm statt mit dem Schlauch.
Für die Autowäsche mit dem Eimer benötigen Sie nur 20-40 Liter Wasser, mit dem Schlauch 100-200 Liter.

Noch ein Tip zum Umweltschutz:
Regenwasserkanäle gelangen oftmals unmittelbar zum nächsten Gewässer. Verunreinigtes Wasser deshalb nie in den Regenwasserkanal einleiten.

Kreuzen Sie die richtige Lösung an.

1. a Für Wäschewaschen und Geschirrspülen wird die gleiche Wassermenge verbraucht.
   b Nahezu 98% des Wassers wird in der Küche verwendet.
   c Es gibt Möglichkeiten, Wasser einzusparen.

2. Es wird empfohlen, _____ .

   a solche Geschirrspülmaschinen zu kaufen, die eine Unterbrechung des Spülvorganges ermöglichen, um Wasser einzusparen
   b häufiger in der Wanne zu baden als in der Dusche zu duschen; wo möglich, soll die Dusche ganz abgestellt werden
   c auch beim Wasser energiebewußter zu kaufen, zu renovieren und sich zu verhalten

3. a Man soll auf Pflanzen achten.
   b Man soll Pflanzen nur Wasser geben, das kühl ist.
   c Ein gelber Rasen wird wieder grün, wenn es regnet.

4. a Man sollte sein Auto möglichst selten waschen.
   b Man sollte sein Auto nicht nur jede Woche waschen, sondern sogar mehrmals pro Woche.
   c In den Regenwasserkanal darf nur Wasser aus dem Eimer.

4. *Werbung*

Die Zigarettenindustrie gibt jährlich geschätzte 200 bis 300 Millionen DM für Werbung aus.

Für diesen Betrag entwerfen Werbeagenturen im Auftrag der Tabak-Konzerne vor allem Plakate, Anzeigen und Kino-Reklame. Sie werben damit für neue Marken oder betreiben die weiterführende Werbung. Geworben wird vor allem:

In Illustrierten, Magazinen und Tageszeitungen
Auf Großplakat-Flächen
Im Kino

Seit im Fernsehen für Zigaretten nicht mehr geworben werden darf, lassen sich die Konzerne immer neue Möglichkeiten einfallen.

Beispiele:

1. Werbe- und Probieraktionen durch reisende Kolonnen junger Werber

2. Kaufangebote (Reisebücher, Kleider, Schuhe u. a.)

3. Show-Veranstaltungen

4. Reisen

5. Preisausschreiben

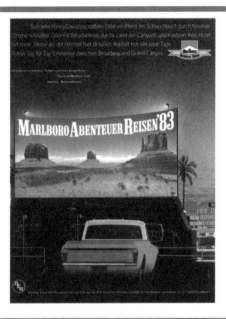

Wofür wird eigentlich geworben?

Die Manager der Konzerne und die Werbefachleute sagen:

*Die Zigarettenwerbung ist nicht darauf gerichtet, Nichtraucher zu Rauchern zu machen, vielmehr ist sie **ausschließlich Markenwerbung,** wobei es dem jeweils werbenden Hersteller darum geht, den Raucher anderen Marken abspenstig zu machen und für seine Marke zu gewinnen bzw. den Raucher seiner Marke an dieser Marke festzuhalten.*

Fachleute wie Ärzte und Psychologen sagen:

Einem werbenden Zigaretten-Hersteller geht es nicht nur darum, Raucher für seine Marke zu gewinnen und den Konsum des Rauchers zu steigern. Ziel der Werbung ist auch der Nicht-Raucher, sogar der jugendliche Nicht-Raucher. Aus diesem Grund benutzt die Zigarettenwerbung für die „Werbebotschaft" meist gesunde, gut aussehende junge Menschen.

Eine neue Marke wird gemacht

Besonders aufwendig sind Stützaktionen für längst eingeführte Marken, die zu den Spitzenreitern gehören, aber seit Jahren Marktverluste erlitten haben. Zum Beispiel die Großwerbeaktion für Ernte 23 und Stuyvesant.

Noch teurer aber ist die Einführung einer neuen Marke. Seit 1960 sind über 250 neue Marken auf den Markt gebracht worden,

aber nur 10 haben es auf mehr als 100 Millionen Stück pro Monat gebracht.

Bis eine Zigarettenmarke über die 750 000 Automaten und die 450 000 Lebensmittelgeschäfte der Bundesrepulik total gestreut ist und damit den Millionen Rauchern in mehr als einer Million Vertriebsstellen zur Verfügung steht, hat ein Hersteller allerhand zu bewerkstelligen.

Kreuzen Sie die richtige Lösung an.

1. Was trifft zu?

    a | Die Zigarettenindustrie produziert vor allem Plakate, Anzeigen und Kino-Reklame für die Werbung.

    b | Es wird nur durch Kaufangebote, Werbeaktionen junger Werber, Shows, Reisen und Preisausschreiben geworben.

    c | Die Konzerne und Werbeagenturen suchen vor allem neue Marken für die Werbung und kümmern sich nicht so sehr um Produkte, die schon auf dem Markt sind.

2. Die Zigarettenindustrie behauptet, sie _____ .

    a | will Nichtraucher zu Rauchern machen, um den Markt zu vergrößern

    b | wendet sich nur an schon rauchende Adressaten

    c | möchte den Rauchern anderer Marken das Rauchen abspenstig machen

3. Was trifft zu?

    a | Am teuersten sind Großwerbeaktionen für Marken, die Verluste erlitten haben.

    b | Nur 10 Marken, die mehr als 100 Millionen Stück pro Monat verkaufen, werden über die 750 000 Automaten und 450 000 Lebensmittelgeschäfte in der Bundesrepublik verteilt.

    c | Die Deutschen rauchen weit mehr als 1 Milliarde Zigaretten pro Monat.

5. *Sport: Vorteil Steffi Graf?*

Auf der Suche nach sich selbst

VON ANDREAS HALLASCHKA

Das war das Ende. Zwanzig Minuten nach dem Match betrat sie den Raum unter der Tribüne des Centre Courts von Wimbledon, in dem gewöhnlich die Pressekonferenzen stattfinden. Die Männer löschten ihre Zigaretten, einer lachte kurz auf, dann wurde es schlagartig still. Man hörte nur noch das surrende Laufgeräusch der Tonbandgeräte. Das Mädchen bot ein Bild des Jammers.

Die bis vor kurzem Unbesiegbare hatte verloren. Gegen – wen bitte? – Zina Garrison, eine Texanerin, die bis dahin mehr durch ihren ungeschminkten Gossen-Slang aufgefallen war als durch besondere Spielkunst. Im Halbfinale des Turniers, das im Bewußtsein aller ebenso sehr mit ihr wie mit Boris Becker verbunden war. Des Turniers, bei dem man den Sieg einer anderen gar nicht mehr für möglich gehalten hatte.

Jetzt saß Steffi Graf, gut ausgeleuchtet von einem halben Dutzend Scheinwerfern, auf dem Podium des Interviewraums. Man sah ihre rotgeäderten Augen und wie die Nase lief und lief. Ihre Stimme war belegt. Steffi Graf schneuzte und stotterte sich durch die Pressekonferenz. Auf der Suche nach einer Erklärung für ihre erste Wimbledon-Niederlage seit drei Jahren hatte sie keine Antworten. Denn Fragen nach dem Privatleben ihres Vaters hatte ein Funktionär des englischen Tennisverbandes verboten. Dabei waren sich die Journalisten einig, daß die Weltranglistenerste nicht wegen ihrer Triefnase verloren hatte.

Begonnen hatte alles sechs Wochen zuvor in Berlin, Anfang Mai 1990. Während sich die Graf anschickte, auf der Anlage des LTTC Rot-Weiß zum soundsovielten Male die German Open zu gewinnen, hielt es die „Bild"-Zeitung für nötig, die „Beichte" eines gewesenen „Playboy"-Models zu veröffentlichen, wonach sie vom Vater der Tennisspielerin ein Kind namens Tara Tanita empfangen habe. Das erwies sich viel später

zwar als falsch, wurde aber offensichtlich von allen Beteiligten als so wahrscheinlich angesehen, daß der familiäre Kokon um Steffi Graf, der ihr bis dato Kraft und Ruhe gegeben hatte, ernsthafte Risse erhielt und die Tennisspielerin – verunsichert und angefochten im Glauben an ihren Vater – in der Folge ihr Selbstvertrauen, ihre Spiele und damit den Nimbus der Unbesiegbarkeit verlor.

Nach 66 Matches ohne Niederlage verlor die Grand-Slam-Gewinnerin von 1988 das Endspiel in Berlin gegen Monica Seles. Es folgte eine nie für möglich gehaltene Serie von Niederlagen: Von Mai 1990 bis Mai 1991 gewann Steffi Graf nicht ein Grand-Slam-Turnier, sondern siegte nur bei einigen kleineren Veranstaltungen wie in Leipzig, Brighton und Worcester. Wimbledon war nicht länger eine badische Grafschaft, die Dominanz der Deutschen im Damen-Tennis war gebrochen und allen Experten war klar, daß das Ende ihrer Herrschaft an der Spitze der Weltrangliste nur noch eine Frage der Zeit sein konnte.

1. Was trifft zu?

   a 20 Minuten nach dem Match wurde Steffi Graf traurig.
   b 20 Minuten nach dem Match gab es eine Pressekonferenz.
   c Das Tonbandgerät hat nicht richtig funktioniert.

2. Was trifft zu?

   a Im Match hatte eine Texanerin Slang benutzt.
   b Die Überraschung war, daß Steffi nicht gewonnen hat.
   c Zina Garrison hat durch besondere Spielkunst gewonnen.

3. Was ist richtig?

   a Die „Bild-Zeitung" hatte eine wahrscheinlich wahre Geschichte über ihren Vater erzählt.
   b Steffi hat die Geschichte als falsch bezeichnet.
   c Steffis Vertrauen zu ihrem Vater und ihr Selbstvertrauen waren verletzt.

4. Was trifft zu?

   a Von Mai 90 bis Mai 91 gewann Steffi nicht nur ein Grand Slam Turnier, sondern siegte auch bei kleineren Veranstaltungen.
   b Steffi spielte zwischen Mai 90 und Mai 91 66 Matches, ohne zu verlieren.
   c Die ehemalig unbesiegbare Turnierspielerin begann zu verlieren.

5. Was ist richtig?

   a Steffi konnte nach der Niederlage in Wimbledon 66 wichtige Spiele gewinnen.
   b Die Dominanz der Deutschen im Damentennis war allen Experten klar.
   c Tennisfachleute wußten, daß Steffis Zeit im Damentennis vorbei war.

B Wortschatz/Strukturen

Kreuzen Sie die richtige Lösung an.

1. Arbeitslosigkeit führt _____.

   a auf finanzielle Schwierigkeiten
   b von finanziellen Schwierigkeiten
   c zu finanziellen Schwierigkeiten
   d an finanzielle Schwierigkeiten

2. Die Kriminalpolizei hat viel _____.

   a vom Einbrecher erfahrt
   b aus den Einbrechern erfahren
   c wegen dem Einbrechern erfahren
   d über den Einbrecher erfahren

3. Jonathan hat seinen Freund _____.

   a für das Essen eingeladen
   b auf das Essen eingeladen
   c ans Essen eingeladen
   d zum Essen eingeladen

4. Der Präsident wird _____ .

    a | für die Konferenz teilnehmen
    b | an die Konferenz teilnehmen
    c | an der Konferenz teilnehmen
    d | in der Konferenz teilnehmen

5. Wir hoffen _____ .

    a | für gutes Wetter
    b | an gutes Wetter
    c | mit gutem Wetter
    d | auf gutes Wetter

6. Wer sorgt _____ ?

    a | für die Kinder
    b | auf die Kinder
    c | über die Kinder
    d | vor die Kinder

7. Die Schüler lachen _____ .

    a | auf den Lehrer
    b | von dem Lehrer
    c | an die Lehrerin
    d | über den Lehrer

8. Die Nachbarn streiten sich _____ .

    a | gegen den Apfelbaum
    b | vor den Apfelbaum
    c | um den Apfelbaum
    d | an den Apfelbaum

9. Matthias antwortete _____ .

    a | zu die Frage
    b | auf die Fragen
    c | auf der Frage
    d | an die Frage

10. *Die folgenden Ereignisse sind passiert. Wie berichtet man darüber?*

    1. In der Zeitung steht, _____ .

    a | der Einbrecher in der Gegend ist
    b | daß der Einbrecher ist in der Gegend
    c | daß der Einbrecher wäre in der Gegend
    d | daß der Einbrecher in der Gegend sei

    2. Im Protokoll stand, _____ .

    a | daß der Zeuge alles gesehen habe
    b | daß die Zeugen haben alles gezeugt
    c | der Zeuge alles gesehen sei
    d | der Zeuge gesehen wurde

170

3. Die Nachbarn haben berichtet, _____.

[a] daß sie wären zu Hause
[b] daß sie zu Haus gewesen seien
[c] sie würden zu Hause gewesen
[d] sie hätten da gewesen

4. In der Zeitung steht, _____.

[a] der Unfall sei um 20 Uhr passiert
[b] der Unfall hat um 20 Uhr passiert
[c] daß der Unfall ist um 20 Uhr passiert
[d] ist der Unfall um 20 Uhr passiert

5. Im Protokoll steht, _____.

[a] der Junge nur 2 km mit dem gestohlenen Auto gefahren war
[b] seien die Jungen nicht mehr als 3 km gefahren
[c] daß der Junge nur 3 km mit dem Auto gefahren sei
[d] daß die Jungen nur 1 km gefahren haben

C Schreiben

1. *Schreiben Sie eine Rede.*   DA Neu 1C 20A5 ⟩
*Der Zeitungsbericht **Aufruf zu friedlichem Miteinander** ist ein Bericht über die Rede. Wie steht es in Weizsäckers Redetext?*

Liebe Bürgerinnen und Bürger,

zum Weihnachtsfest _____

_____

_____

_____

_____

_____ im Ruhrgebiet und im Saarland. In diesen Regionen müssen wir einen großen

Strukturwandel schaffen. Nicht jeder Wirtschaftszweig und _____

_____

_____

_____

_____

_____

_____

_____

_____

_____

_____

_____

_____

_____

_____

_____

_____

2. *Beamte*

Beschreiben Sie einen „typischen" Beamten in Ihrem Land (Ausländeramt, Steuer, Standesamt, Polizei, Zoll, ...).

3. *Ansprache*

Was würden Sie als Präsident/Präsidentin Ihrem Volk zu Weihnachten (oder einem anderen wichtigen Fest) sagen? Schreiben Sie eine kurze Ansprache.

D Dialogsituationen

1. *Sie müssen zum Flugplatz.*

Sie sind spät dran. Das Flugzeug fliegt schon in 40 Minuten ab, und man muß eine halbe Stunde vor dem Abflug da sein. Was sagen Sie der Taxifahrerin, was sagt sie?

2. *Zoll*

Ein Zollbeamter fragt Sie, ob Sie etwas zu verzollen haben. Sie sagen „nein, nichts". Er glaubt Ihnen aber nicht und öffnet Ihren Koffer – und findet 10 Flaschen Rum. Sie haben aber nur eine gekauft. Wie können Sie die Situation erklären?

3. *Maschinenschlosser*

Machen Sie ein Interview mit Maschinenschlosser Anke über ihre Erfahrungen mit dem Arbeitsamt und an ihrem Arbeitsplatz für Ihre Zeitung.

Kapitel 21

A Wortschatz/Strukturen

Kreuzen Sie die richtige Lösung an.

1. *Drücken Sie den Unterschied/Gegensatz aus.*

   a Die meisten Mädchen erlernen „typische Frauenberufe", und Susanne hat einen „typischen Männerberuf".

   b Während die meisten Mädchen „typische Frauenberufe" erlernen, hat Susanne einen „typischen Männerberuf".

   c Nachdem die meisten Mädchen „typische Frauenberufe" erlernen, hat Susanne einen „typischen Männerberuf".

   d Dagegen die meisten Mädchen „typische Frauenberufe" erlernen, hat Susanne einen „typischen Männerberuf".

2. *Drücken Sie den Unterschied/Gegensatz aus.*

   a Die öffentlich-rechtlichen Rundfunkanstalten sind von den politischen Parteien abhängig, aber die privaten Sender stark von der Wirtschaft abhängig sind.

   b Die öffentlich-rechtlichen Rundfunkanstalten sind von den politischen Parteien abhängig, während sind die privaten Sender stark von der Wirtschaft abhängig.

   c Die öffentlich-rechtlichen Rundfunkanstalten sind von den politischen Parteien abhängig, dagegen sind die privaten Sender stark von der Wirtschaft abhängig.

   d Die öffentlich-rechtlichen Rundfunkanstalten sind von den politischen Parteien abhängig, als die privaten Sender stark von der Wirtschaft abhängig sind.

3. Eine Ausbildung dauert im Durchschnitt 2 bis 3 Jahre. Das ist _____.

   a eine im Durchschnitt 2 bis 3 Jahre dauernde Ausbildung

   b im 2 bis 3 Jahre Durchschnitt eine dauernde Ausbildung

   c eine dauernde Ausbildung im 2 bis 3 Jahre Durchschnitt

   d ein 2 bis 3 Jahre ausbildender Durchschnitt

4. Die Hausarbeiten verlangen erhebliches organisatorisches Geschick. Das bedeutet:

   a Die erheblichen Hausarbeiten verlangen organisatorisches Geschick.

   b Die erheblichen organisatorischen Hausarbeiten verlangen Geschick.

   c Die Hausarbeiten, die erhebliches organisatorisches Geschick verlangen.

   d Das erhebliche organisatorische Geschick, das Hausarbeiten verlangt.

5. Der von seinem Land vergessene Kosmonaut. Das ist _____.

   a der vergeßlichste Kosmonaut von seinem Land

   b der Kosmonaut von seinem vergessenen Land

   c der Kosmonaut, der von seinem Land vergessen wurde

   d das Land, das von seinem Kosmonauten vergessen wurde

B Schreiben

1. *Orthographie*
   Hier sehen Sie nur den oberen Teil der Zeilen eines Textes. Rekonstruieren Sie die Zeilen.

Die Sterntaler
Gebrüder Grimm

Es war einmal ein kleines Mädchen, dem war Vater
und Mutter gestorben, und es war so arm, daß es
kein Kämmerchen mehr hatte, darin zu wohnen,
und kein Bettchen mehr, darin zu schlafen, und
endlich gar nichts mehr als die Kleider auf dem Leib
und ein Stückchen Brot in der Hand, das ihm ein
mitleidiges Herz geschenkt hatte. Es war aber gut
und fromm. Und weil es so von aller Welt verlassen
war, ging es im Vertrauen auf den lieben Gott hinaus ins Feld. Da begegnete ihm ein armer Mann, der

2. *Das Gedächtnis*

Wie funktioniert unser Gedächtnis? Erklären Sie.

3. *Was ist denn hier los?*

Schreiben Sie einen Dialog.

4. *Ich male mir den Sommer ...*

Schreiben Sie einen kurzen Text über den Sommer.

5. *Telegramm*

DEUTSCHE BUNDESPOST	Telegramm				
Datum Uhrzeit	Empfangen von	Vermerke/Verzögerungsvermerke		Datum Uhrze
Platz Empfangen Namenszeichen				Platz Gesendet Name
Bezeichnung der Aufgabe-TSt aus		Aufgabe-Nr. Wortzahl		Aufgabetag

Bezeichnung der Aufgabe-TSt	Aufgabe-Nr.	Wortzahl	Aufgabetag	Uhrzeit
aus				
▼ Gebührenpflichtige Dienstvermerke				
= =				
▼ Name des Empfängers, Straße, Hausnummer usw.				
▼ Bestimmungsort – Bestimmungs-TSt				

Sie sind (im Urlaub) in Deutschland und etwas völlig Unerwartetes passiert. Sie müssen ein Telegramm schreiben. Füllen Sie das Formular bitte aus.

6. *Schule*
   Schreiben Sie einen Bericht (eine Zusammenfassung) in indirekter Rede über das, was Anouschka über die Schule sagt (Deutsch aktiv Neu 1C, Lehrbuch 19A5). (Dazu müssen Sie zurückblättern!)

> Sie sagt, daß sie das, was sie angeblich für das Leben lernten, in ein Heft schreibe, ...

C Dialogsituationen

1. *Traumberuf*

Erklären Sie, welchen Traumberuf Sie gerne hätten (oder haben). Begründen Sie und erklären Sie, was eventuell dagegen spricht.

2. *Dringendes Telefonat*

Sie kommen zur Post, denn Sie müssen dringend telefonieren (Sie glauben, daß der Herd zu Hause noch an ist ...). Zwei Telefone sind kaputt und bei den beiden anderen warten schon viele Leute.

Kapitel 22

A Wortschatz/Strukturen

Kreuzen Sie die richtige Lösung an.

1. <u>Sie haben viel gekauft, ohne daß sie viel Geld ausgegeben haben.</u> Das bedeutet:

   a Sie haben viel Geld ausgeben müssen.
   b Sie haben weniger gekauft, als sie sagten.
   c Sie haben nicht viel Geld ausgegeben.
   d Sie haben viel Geld ausgegeben, um viel zu kaufen.

2. <u>Sie haben um den heißen Brei herumgeredet, ohne daß sie zur Sache gekommen sind.</u> Das heißt:

   a Sie haben sehr viel über die Sache gesagt.
   b Sie sind bei der Sache geblieben.
   c Sie sind nicht zur Sache gekommen.
   d Sie haben sich beim Essen unterhalten und brauchten nicht alles zu besprechen.

3. <u>Anstatt Medizin zu studieren, studiert sie jetzt Volkswirtschaft.</u> Das bedeutet:

   a Sie will Volkswirtin werden.
   b Sie studiert erst Medizin und dann Volkswirtschaft.
   c Sie will zuerst Volkswirtin und später Ärztin werden.
   d Sie wird Volkswirtin, damit sie Medizin studieren kann.

4. <u>Ohne die Zeitung zu lesen, weiß er immer, was vor sich geht.</u> Das heißt:

   a Er ist gut informiert, weil er die Zeitung liest.
   b In der Zeitung findet er die neueste Information.
   c Er liest die Zeitung nicht, ist aber trotzdem informiert.
   d Was vor sich geht, findet man nur ohne die Zeitung.

5. <u>Anstatt in der Stadt zu wohnen, leben sie auf dem Land.</u> Das bedeutet:

   a Sie mögen es nicht in ihrem Land.
   b Sie leben auf dem Land.
   c Sie wohnen in der Stadt, ohne auf dem Land zu leben.
   d Sie würden lieber auf dem Land wohnen.

6. _____, hassen sie einander.

   a Ohne daß einander lieben
   b Ohne sich lieben,
   c Statt einander zu lieben,
   d Anstatt sie einander lieben,

7. <u>Die Situation in Asien wird diskutiert.</u> Das heißt:

   a Die Situation steht zur Diskussion.
   b Die Situation kommt in Diskussion.
   c Die Situation nimmt Diskussion.
   d Die Situation bringt mit Diskussion.

8. Er hat sehr früh Abschied _____.

   a gemacht
   b genommen
   c getan
   d getroffen

9.   Ihr Buch _____ große Beachtung.

   a tut
   b gibt
   c fand
   d traf

10.   Viele Leute _____ auf die Umfrage zur Antwort, daß sie unzufrieden waren.

   a taten
   b machten
   c gaben
   d glaubten

11.   Er hat sie in Kenntnis gesetzt. Das heißt:

   a Er hat sie einander vorgestellt.
   b Er hat sie kennengelernt.
   c Sie ist versetzt worden.
   d Er hat sie informiert.

B Schreiben

1. *Werbetext*

Schreiben Sie einen kleinen Werbetext über eine romantische Stadt oder Region in Ihrem Land.

2. *Heidelberg*

Heidelberg ist eine sehr romantische Stadt. Aber nicht alles ist wirklich so romantisch, wie man denkt. Sie haben Heidelberg und das Rhein-Main-Neckar-Gebiet besucht und schreiben jetzt einen Bericht über das, was viel Beachtung findet, und die Widersprüche, die auch zur Sprache kommen müssen.

3. *Demokratie – ja. Politiker – nein.*

Machen Sie eine Umfrage zu diesem Thema. Welche Fragen könnten Sie dabei stellen? Machen Sie zuerst eine Liste der möglichen Fragen.

4. *Politik*

Welches Verhältnis haben Ihre Landsleute zur Politik und zu den Politikern? Schreiben Sie eine kurze Charakterisierung der Situation in Ihrem Land.

C Dialogsituationen

1. *Zivilisation*

Berichten Sie über Beispiele dafür, wie die Zivilisation Städte und Landschaften verändert hat. Was könnte man dagegen tun, um solche Veränderungen zu verhindern?

2. *Ideale Politiker*

Wie könnte der ideale Politiker aussehen? Diskutieren Sie die Widersprüche und Lösungsmöglichkeiten:

a) in Ihrer Klasse (in Kleingruppen oder im Plenum);
b) mit verteilten Rollen: als Berufspolitiker, als Wähler / Steuerzahler, als alternativer Politiker ...

Kapitel 23

A Wortschatz/Strukturen

Kreuzen Sie die richtige Lösung an.

1. Es ist zu berücksichtigen, daß die Leute jetzt mehr Freizeit haben. Das heißt:

   a☐ Es muß berücksichtigt werden, daß die Leute mehr Freizeit haben.
   b☐ Wir sind zu berücksichtigen, daß die Leute mehr Freizeit haben.
   c☐ Es ist berücksichtigt, daß wir mehr Freizeit haben müssen.
   d☐ Es wird berücksichtigt, daß die Leute jetzt mehr Freizeit haben.

2. Es ist nicht zu vergessen, daß diese Region sehr arm ist. Das bedeutet:

   a☐ Die Region darf nicht vergessen, daß sie arm ist.
   b☐ Die Armut muß in dieser Region nicht vergessen werden.
   c☐ Es darf nicht vergessen, daß diese Region arm ist.
   d☐ Nicht vergessen werden darf, daß diese Region sehr arm ist.

3. Man kann den Wohlstand dadurch erklären, daß die Einkommen gestiegen sind. Das heißt:

   a☐ Der Wohlstand ist dadurch zu erklären, daß die Einkommen gestiegen sind.
   b☐ Die höheren Einkommen sind zu erklären.
   c☐ Dadurch, daß sie gestiegen sind, kann man die Einkommen erklären.
   d☐ Wir dürfen die höheren Einkommen durch den Wohlstand erklären.

4. Politiker haben zu akzeptieren, daß sie nicht immer beliebt sind. Das bedeutet:

   a☐ Nur unbeliebte Politiker haben es akzeptiert.
   b☐ Politiker wollen akzeptieren, daß sie beliebt sind.
   c☐ Politiker müssen es akzeptieren, daß sie nicht immer beliebt sind.
   d☐ Politiker müssen beliebt sein, um akzeptiert zu werden.

5. Wir haben gegen diese alten Vorstellungen zu kämpfen. Das heißt:

   a☐ Wir dürfen gegen diese alten Vorstellungen kämpfen.
   b☐ Gegen diese Vorstellungen haben wir gekämpft.
   c☐ Wir dürfen nicht gegen diese alten Vorstellungen kämpfen.
   d☐ Wir müssen gegen diese alten Vorstellungen kämpfen.

6. Der Verkäufer hat eine fehlerhafte Ware zurückzunehmen, wenn der Kunde das will. Das bedeutet:

   a☐ Wenn der Verkäufer einen Fehler macht, kann es der Kunde zurücknehmen, wenn es der Kunde will.
   b☐ Der Verkäufer muß eine Ware zurücknehmen, wenn die Ware einen Fehler hat und wenn das der Wunsch des Kunden ist.
   c☐ Der Kunde sagt, was er will, und der Verkäufer nimmt die Ware zurück.
   d☐ Fehlerhafte Waren sind zurückgenommen worden, wenn immer der Kunde das will.

B Schreiben

1. *Massentourismus*
   Massentourismus bedeutet, daß mehr Leute mehr von der Welt sehen wollen. Er schafft aber auch Probleme (und Stereotype). Machen Sie eine Liste der positiven und negativen Aspekte.

Positiv	Negativ
fremde Länder kennenlernen *Arbeitsplätze*	*Zu viele Autos*

Abschließend schreiben Sie bitte Ihre Bewertung der Vor- und Nachteile.

2. *Reiseverhalten*

Schreiben Sie einen Bericht über das Reiseverhalten Ihrer Landsleute: Ziele, Transportmittel, Zeiten, Motive ....

3. *„Sport ist Mord"*

Sie haben einen Kollegen oder eine Kollegin, der/die nicht viel von Sport hält (zu viel Zeit; ungesund; zu teuer ...). Schreiben Sie ihm/ihr einen Brief, in dem Sie ihn/sie überzeugen wollen, daß Sport ungeheuer wichtig ist.

C Dialogsituationen

1. *Nacht im Hotel*

Sie haben eine Nacht im Hotel verbracht. Anders als Sie erwartet haben, war es sehr laut und unbequem, und das Frühstück war ungenießbar. Aber das ist noch nicht alles: das Zimmer soll nun 120,– DM statt der angekündigten 80,– DM kosten. Machen Sie eine Liste Ihrer Beschwerden. Gehen Sie damit zur Rezeption (oder Hoteldirektion) und besprechen Sie sie mit dem Personal.

2. *Freizeitverhalten*

Machen Sie eine Umfrage zum Freizeitverhalten im Kurs. Wer macht was? Was sollte man machen, um geistig und körperlich fit zu bleiben?

3. *Mountainbiking*

Mountainbiking wird immer beliebter. Es macht so viel Spaß, in frischer Luft durch die Landschaft zu fahren. Man ist so richtig in der Natur, und es ist so gesund! Gegner meinen aber, das Wild werde gestört, die Natur werde zerstört, und so gesund sei der Sport auch wieder nicht ... Diskutieren Sie pro und contra im Kurs.

Kapitel 24

A Lesen

1. *Marriott*

„Erst spätabends kam ich im Marriott an. Ich war zwar ziemlich müde. Aber ich mußte noch unbedingt einen Hosensaum umnähen, weil ich morgens um sieben bereits wieder meinen ersten Termin hatte. Als ich mir Nadel und Faden besorgen wollte, bekam ich unerwarteterweise Unterstützung von der hilfsbereiten Dame am Marriott-Nachtschalter. Sie sagte, sie würde das gerne für mich erledigen. Schließlich wär' sie sowieso die ganze Nacht auf. Doch das Beste war – am nächsten Morgen hatte sie meine Hose nicht nur umgesäumt. Sie hatte sie auch ausgebürstet und gebügelt. Also, ich muß schon sagen: Wenn man das im Marriott unter individuellem Service versteht – Hut ab. "

ALWAYS IN THE RIGHT PLACE AT THE RIGHT TIME. **Marriott.**
HOTELS · RESORTS · SUITES

Reservierungen in 240 Marriott-Hotels können Sie weltweit rund um die Uhr unter der Nummer 0130-85 44 22 oder über Ihr Reisebüro vornehmen.

Kreuzen Sie die richtige Lösung an.

1. Der Gast sagt:

    a Obwohl er spätabends ankam, mußte er einen Saum umnähen.
    b Er kam erst spätabends im Hotel an, weil er morgens um sieben einen Termin hatte.
    c Er ist ins Marriott gefahren, um unbedingt einen Hosensaum umnähen zu müssen.

2. Die Dame am Schalter sagte, _____ .

    a sie würde das gerne umnähen, wenn sie die ganze Nacht Zeit hätte
    b sie hätte genug Zeit, um den Saum umzunähen
    c sie würde die Hose auch gerne ausbürsten und bügeln

3. Der Gast _____ .

    a hatte einen solchen individuellen Service völlig erwartet und wundert sich nicht
    b ist von so einem Service begeistert
    c findet das noch unterhalb von individuellem Service

2. Greenpeace on the rocks

Der FCKW-freie Eisschrank krempelt den Kühlgeräte-Markt um.

Die Geschichte von „Greenfreeze", dem ersten FCKW- und FKW-freien Kühlschrank der Welt, liest sich wie eine Erfolgs-Story aus dem Bilderbuch: Am 16. Juli stellte Greenpeace zusammen mit dem Kältegerätehersteller DKK-Scharfenstein den klimafreundlichen Kühlschrank vor, in dem statt FCKW die Kältemittel Butan und Propan zirkulieren. Wollte die Treuhand diese Pressekonferenz zunächst unterbinden, so erklärte sie sich unter dem Druck von 65 000 Vorabbestellungen schon vier Wochen später bereit, die Produktion des „Öko-Kühlers" bis mindestens Ende 1993 zu garantieren. Das Kühlmöbel soll im Endverkauf „knapp unter 700 Mark" kosten und Ende März '93 vom Band gehen. 570 Arbeitsplätze werden garantiert, des weiteren fünf Millionen Mark für die Entwicklung des Geräts bis zur Serienreife. Engagierte Investoren sind ebenfalls in Sicht.

Wenige Tage zuvor hatte auch Bundesumweltminister Töpfer an die Treuhand appelliert, die DKK zu erhalten. Das Umweltbundesamt bescheinigte dem „Gerät aus Scharfenstein gute Aussichten, als erstes – und auf absehbare Zeit einziges – mit dem Umweltzeichen Blauer Engel ausgezeichnet zu werden". Der Engel soll Geräte zieren, die FCKW-frei und energiesparend sind. Die Umweltminister von Sachsen und Brandenburg ließen es sich nicht nehmen, persönlich die „innovative Umwelttechnologie aus dem Osten" zu bestellen. Inzwischen gehen bei Greenpeace täglich Bestellungen aus aller Welt ein. Das Versandhaus Neckermann wirbt für das Gerät in seinem nächsten Katalog, die New York Times lobt den „German Fridge" ebenso wie das japanische Fernsehen.

Besonders wichtig ist für Greenpeace das Interesse ausländischer Unternehmen am Bau ähnlicher Geräte. Höchst interessiert zeigten sich etwa die Botschafter von Drittwelt-Ländern, die

Greenpeace mit seinem „Kühl-Mobil" besuchte.

Der Fluorkohlenwasserstoff R 134a wird derzeit von Firmen wie DuPont, Atochem, ICI und Hoechst als umweltfreundliche Alternative zu FCKW propagiert. Verschwiegen wird dabei, daß der Alternativstoff ein Klimakiller erster Güte ist: Er besitzt das 3200fache Treibhauspotential von Kohlendioxid. Allein die von Hoechst in Deutschland geplante Jahresproduktion würde das Treibhaus Erde ebenso aufheizen wie der gesamte LKW-Güterverkehr des Landes. Verkauft wird R 134a unter dem Markennamen „Reclin" – mit dem Slogan „Schritte in eine FCKW-freie Zukunft".

Mitte September gelang im Testlabor der DKK ein zweiter Durchbruch: Allein durch Optimierung des Kühlkompressors konnten die sächsischen Ingenieure den Energieverbrauch von Propan/Butan unter den des konventionellen Kaltmachers FCKW R 12 drücken.

Acht eiskalte Fragen

Ab wann ist Greenfreeze lieferbar?
Voraussichtlich ab Ende März 1993.

Ist eine Vorab-Bestellung verbindlich?
Natürlich. Wozu sollte sie sonst gut sein? Sie verfällt nur, wenn 12 Monate nach Unterschrift nicht geliefert wird.

Mein Kühlschrank ist noch gut. Soll ich Greenfreeze trotzdem bestellen?
Nein. Das meiste FCKW entweicht erst, wenn es beim Verschrotten nicht sachgerecht recycelt wird. Neukauf ist – solange Ihr Gerät noch funktioniert – Verschwendung.

Wie entsorge ich meinen alten Kühlschrank?
Wenden Sie sich an Hersteller oder Lieferanten. Oder fragen Sie bei Ihrer Gemeindeverwaltung. Aber aufgepaßt: Viele Entsorger saugen nur das Kühlmittel ab – doch das meiste FCKW steckt im Isolierschaum. Bei Greenpeace bekommen Sie ein Merkblatt zum Stand der Entsorgungsverfahren.

Gibt es nicht heute schon „Öko-Kühlschränke"?
Bisher ist kein FCKW-, geschweige denn FKW-freier Kühlschrank auf dem Markt. Manche Hersteller benutzen diesen Begriff schon, wenn ihr Kühlschrank besonders wenig Strom verbraucht oder mit teil- statt vollhalogeniertem FCKW geschäumt ist.

Gibt es Greenfreeze auch mit Gefrierfach?
Das erste Modell ist ohne Gefrierfach. Noch 1993 will die DKK auch Geräte mit Gefrierfach auf den Markt bringen. Auf Einbauschränke müssen Sie noch etwas länger warten.

Verbraucht Greenfreeze zu viel Strom?
Tut er nicht. Er verbraucht sogar so wenig Strom, daß er die Normen des „Blauen Umweltengels" erfüllt. Lediglich manche „Spargeräte" schneiden beim Stromverbrauch besser ab, und das auch nur, weil ihre Isolierung vor FKW oder FCKW strotzt. Herstellerangaben zum Energieverbrauch beziehen sich zudem auf neue Kühlschränke. Da FCKW nach und nach aus der Isolierung austreten, steigt der Stromverbrauch solcher Geräte im Lauf der Zeit.

Propan und Butan sind brennbar. Ist das nicht gefährlich?
Wenn Sie das Gerät bekommen, ist es vom TÜV getestet und zugelassen. Es enthält weniger Gas als drei Feuerzeuge. Eine Explosion ist so gut wie ausgeschlossen.

Kreuzen Sie die richtige Lösung an.

1. a Die Geschichte von Greenfreeze stammt aus einem Kinderbuch.
   b „Greenfreeze" wird als Synonym zu „Butan" und „Propan" verwendet.
   c 570 Arbeitsstunden werden für die Herstellung des Kühlschrankes benötigt.

2. a Die Finanzierung der Entwicklung scheint gesichert.
   b Das Gerät aus Scharfenstein (Sachsen) wird wahrscheinlich den Namen „Blauer Engel" bekommen.
   c Die Firma Hoechst ist an einem „Kühl-Mobil" interessiert.

3. Es wird behauptet, daß _____.
   a es eigentlich keine Unterschiede zwischen FKWs und LKWs gebe
   b FKW, als Alternative zu FCKW propagiert, eigentlich ein Klimakiller sei
   c es Mitte September bei einem 2. Unfall im Kühlkompressor große Energieverluste gegeben habe

4. a Kühlschränke können erst nach 12 Monaten wieder abbestellt werden.
   b Man sollte den Kühlschrank nicht bestellen, wenn man noch einen funktionierenden Kühlschrank hat.
   c Öko-Kühlschränke werden keine Gefrierfächer mehr haben und werden noch lange nicht bestellt werden können.

5. a Das neue Kühlgerät kann nicht problemlos benutzt werden: es verbraucht mehr Energie als „Spargeräte", kann leicht explodieren und ist schwer anzuschließen.
   b Es ist eine Illusion: auch moderne Kühlschränke brauchen FCKW oder FKW. FCKW und FKW funktionieren zusammen mit Butan/Propan am besten.
   c Greenfreeze ist unter mindestens vier Aspekten sehr umweltfreundlich.

3. *AIDS*

„Ich weiß, daß mein Mann mit mir reden würde, wenn sich zwischen uns was ändert."

Anne M. ist 35 Jahre alt, Hausfrau und hat zwei Kinder. Das Dorf, in dem sie mit ihrer Familie wohnt, macht einen ordentlichen Eindruck. Einige alte Häuser drängen sich in der Ortsmitte um die Kirche, zahlreiche Neubauten sind in den letzten Jahren darum herum gebaut worden. In ihnen wohnen häufig junge Ehepaare mit Kindern, die zur Stadtnähe frische Luft und Bewegungsfreiheit genießen wollen.

Wie Anne M. und ihr Mann. Er hat von hier aus keine allzuweite Anfahrt zu seiner Firma, bei der er als Ingenieur arbeitet. Vor zwei Jahren sind die beiden mit der heute vierjährigen Tochter Eva hierher ins eigene Heim gezogen, vor acht Monaten kam Sohn Jakob dazu. Alles in ihrem Haus wirkt gepflegt und trotzdem kindgerecht: das geräumige Wohnzimmer mit der Spielecke, die Anordnung der Möbel, an denen entlang Jakob gerade die ersten Schritte ausprobiert, der weiche Teppichboden, der riesige Garten.

Anne M. ist zufrieden mit diesem Heim, zufrieden mit ihrer Ehe, mit ihrem Leben. Die ehemalige Postangestellte hat ihren Beruf aufgegeben, als das erste Kind kam. Sie ist ausgefüllt durch das Zusammensein mit den Kindern und mit einem Pflegekind, das sie während der Woche betreut, durch zahlreiche Kontakte zu Nachbarn und Freunden.

In einer solchen Umgebung, bei einer solchen Familie dürfte AIDS eigentlich kein Thema sein – sollte man meinen. Das war es lange Zeit auch nicht, genau gesagt bis vor einem Jahr. Anne M. erinnert sich: „Ich hatte alles, was in den Zeitungen stand, bis dahin für Panikmache gehalten, und ich fand die Reaktion der Leute hysterisch. Aber als ich mit Jakob schwanger war, da wußte ich schon vorher, daß er mit einem Kaiserschnitt geholt werden müßte. Und plötzlich, als ich an die Klinik dachte, an die Möglichkeit einer Blutübertragung, da fiel mit natürlich alles ein, was ich dazu schon gelesen hatte. Ich hab' auf einmal ziemliche Angst bekommen. Mein Mann und ich sind damals gemeinsam zur Klinik gefahren und haben mit einem Arzt gesprochen. Er war sehr verständnisvoll und informierte uns sehr umfassend. Wir haben von ihm erfahren, daß die Blutkonserven zu diesem Zeitpunkt schon untersucht wurden, und daß es durch die Operation und die medizinische Versorgung keine Ansteckungsgefahr gibt. Danach waren wir beruhigt."

Nein, Anne M. zerbricht sich über AIDS nicht den Kopf. Ein bißchen nachdenklicher ist sie allerdings geworden – vor allem durch die Gespräche im Bekanntenkreis, in denen es immer wieder mal um AIDS geht. „Natürlich führen wir eine gute Ehe, einer kann sich auf den anderen verlassen. Aber niemand kann so genau sagen, wie das in fünf oder zehn Jahren aussieht, garantieren kann mir das niemand."

Erst gestern war sie ganz schockiert: „Da hab' ich über einen ehemaligen Bekannten gehört, daß er sich wegen einer anderen von seiner Frau getrennt hat. Und gerade der war immer wie ein Moralapostel herumgelaufen, von dem hätte ich das nie angenommen."

Kein Grund zur Panik für sie, solche Geschichten hat es schon immer gegeben. Anne M. fände es absurd, deswegen ihr Leben mit ihrem Mann in Zweifel zu ziehen oder gar mißtrauisch zu werden. Aber sie hat sich dennoch die Frage gestellt „Was wäre, wenn er eine andere Frau kennenlernt?" und ist zu einer Antwort gekommen: „Wir kennen uns jetzt seit 16 Jahren. In dieser Zeit haben wir immer alles Wichtige miteinander besprochen, auch wenn wir mal nicht einer Meinung waren. Ich weiß genau, daß mein Mann als erstes mit mir darüber reden würde, wenn sich zwischen uns was ändert. Der geht doch nicht auf einmal hin und fällt mir und den Kindern derartig in den Rücken!"

Und wenn sie jemanden kennenlernen würde? Spontan antwortet sie: „Dann würde ich es meinem Mann sagen." Pause. „Auf jeden Fall würde ich Kondome nehmen. Damit ich mich nicht anstecke. Und auch nicht meinen Mann." Pause. „Aber ich hoffe nicht, daß so etwas passiert. Mir nicht, meinem Mann auch nicht. Denn wir lieben uns ja. Und was würde aus den Kindern?"

Kreuzen Sie die richtige Lösung an.

1. Was trifft zu?

   a Anne arbeitet als Postangestellte und Pflegemutter.
   b Annes Mann ist Ingenieur, der weit weg von seiner Arbeit wohnt.
   c Anne gefällt ihr Haus und ihr Leben.

2. AIDS _____.

   a ist für Anne kein Thema
   b fand sie in den Pressereaktionen früher übertrieben behandelt
   c bekommt man durch zahlreiche Kontakte zu Nachbarn und Freunden, dachten Anne und ihr Mann früher

3. In bezug auf Blutübertragung _____.

   a haben Anne und ihr Mann vom Arzt erfahren, daß es Blutkonserven gebe
   b wurde ihnen mitgeteilt, daß keine Ansteckungsgefahr mehr bestehe
   c waren sie beruhigt, daß die medizinische Versorgung so gut sei

4. Für Anne besteht kein Grund zur Panik, _____.

   a weil es für ihren Mann schon immer eine andere Frau gegeben hat
   b weil sie und ihr Mann alles ehrlich diskutieren
   c denn von dem ehemaligen Bekannten hätte sie das nie erwartet

5. Was trifft zu?

   a Anne hat zu ihrem Mann ein ungebrochenes Vertrauen, das sich in der langen Zeit, die sie sich kennen, entwickelt hat.
   b Anne und ihr Mann kennen sich seit 16 Jahren. Sie glaubt zwar, daß ihr Mann mit ihr über alles reden würde, aber sie weiß genau, daß er das nicht immer wirklich getan hat.
   c Anne möchte gerne einen anderen Mann kennenlernen. Auf jeden Fall würde sie es dann ihrem Mann sagen und sich um die Kinder kümmern.

4. *Plötzlich war die dufte Mutter weg*

Ihren drei Söhnen gefiel es zu Hause so gut, daß sie nicht im Traum daran dachten, auszuziehen. Doch Anita Bolz mochte nicht länger das Dienstmädchen spielen – und suchte sich eine eigene Wohnung.

Plötzlich war die dufte Mutter weg

Himmelfahrtstag 1988. Anita Bolz, Verlagsangestellte, hatte sich so richtig auf diesen freien Tag gefreut. Sie wollte ausschlafen und dann gemeinsam mit ihren drei Söhnen frühstücken. Am Tag zuvor hatte sie noch eingekauft und das Haus tadellos aufgeräumt. Nicolas (20), Axel (17) und Simon (16) hatten versprochen, morgens den Frühstückstisch auf der Terrasse zu decken.

Aber es kam wie immer. Um zehn Uhr kochte Anita Kaffee, stellte Aufschnitt, Marmelade und die Eier auf den Tisch, begann zu frühstücken. Allein. Denn von den Söhnen war noch keine Spur zu sehen. Nach einer Stunde kam Simon mit zerknautschtem Gesicht aus seinem Zimmer geschlichen. Das Weißbrot war mittlerweile trocken, der Kochschinken beschlagen und Anita ziemlich gereizt. Axel erschien gegen zwölf und Nicolas gegen halb zwei. Seine erste Frage: „Was gibt's zum Mittagessen?"

Der gemütliche Feiertag war im Eimer. Anita hatte den ganzen Vormittag auf ihre Söhne gewartet, sich über sie geärgert und war ständig zum Telefon gerannt. Das klingelte nämlich im Achtminutentakt. Zwar nahm sie sich immer wieder vor, erst gar nicht ranzugehen, aber es könnte ja doch mal für sie sein. Meistens war es für ihre Söhne. Gegen Mittag kamen die ersten Gäste. Natürlich nicht ihre, sondern die der Söhne. Zehn, zwölf Personen, so genau konnte das

Anita nicht überblicken. Zwei Stunden später: volle Aschenbecher, Essensreste auf dem Wohnzimmertisch, Mayonnaise auf dem Küchenboden, das übliche Bild. Sie selbst hatte für den Nachmittag Verwandte eingeladen, aber das Haus sah schon längst nicht mehr vorzeigbar aus. Anita war bedient, hatte die Nase gestrichen voll. Von ihrem Haushalt, ihrer Mutterrolle, ihren Söhnen. Sie holte den Anzeigenteil der Tageszeitung, guckte sich die Wohnungsangebote an und teilte ihren Kindern noch am gleichen Abend mit: „Ich ziehe aus!"

Die Jungs wunderten sich. Aber dann bekamen sie von ihrer Mutter die Begründung zu hören: Schließlich sei sie doch in den letzten Jahren nichts weiter gewesen als die Betreuerin eines Jugendheims. Aufgabenschwerpunkt: Lebensmittelbeschaffung und Raumpflege.

Zugegeben: Anita hatte bei der Erziehung immer größten Wert darauf gelegt, daß ihre Kinder Freunde nach Hause bringen durften. Das Problem aber war, daß es immer mehr wurden. Zum Schluß hielten sich in der Regel mindestens ein Dutzend Leute im Haus auf. Es war zu einem munteren Jugendtreff geworden – durchgehend geöffnet. Bei den zahlreichen Freunden ihrer Söhne war Anita natürlich sehr beliebt. Eine „ganz dufte Mutter", fanden alle. Auf den Gedanken, mal aufzuräumen oder beim Einkauf zu helfen, kam allerdings kaum jemand.

Sie alle vor die Tür zu setzen, daran hatte sie auch schon gedacht. Aber sie brachte es nicht übers Herz. Außerdem: Jedem der drei Söhne eine Wohnung oder auch nur ein Zimmer in einer WG zu finanzieren, käme doch insgesamt viel teurer als die kleine Wohnung für sie selbst.

Ein halbes Jahr später ist es soweit: Anita zieht in eine Zwei-Zimmer-Wohnung in der Innenstadt. Die Jungs bleiben in ihrer vertrauten Umgebung, behalten ihre Kumpels in der Nähe und lernen, ohne die Mutter klarzukommen.

Anita ist nun endlich mit sich allein. Endlich mal Dinge tun, bei denen man keine Zuschauer mag: eine Gesichtsmaske auflegen, die Beine rasieren, beim Spielfilm weinen oder vor dem Spiegel Tina Turner nachmachen. Und wenn das Telefon klingelt: Es ist garantiert für Anita.

Am Wochenende besucht sie die Söhne, bringt Lebensmittel mit und sieht nach dem Rechten. Mit Genugtuung erfährt sie, wie die Jungs sich jetzt gegenseitig erziehen. Zum Beispiel beim Abwasch. Anruf von Axel: „Du glaubst ja gar nicht, wie es in der Küche ausgesehen hat. Infektionsgefahr, sag' ich dir. Dabei war Simon mit Putzen dran. Den haben wir uns vielleicht zur Brust genommen." Oder wie man lernt, fremdes Eigentum zu respektieren: „Axel rennt schon seit einer Woche in meinen Turnschuhen 'rum. Der glaubt

wohl, mein Kleiderschrank ist ein Selbstbedienungsladen."
Und bei der Vorratshaltung: „Nicolas hat mit seinen Freunden den ganzen Kühlschrank leergefegt. Glaubst du, die halten es mal für nötig, einzukaufen?"

Was die Jungs bei ihrer Mutter sehr locker sahen, lassen sie untereinander nicht durchgehen. Wer sich nicht an den häuslichen Pflichten beteiligt, bekommt Druck. Und anstrengend ist es geworden, so ganz ohne Mama. Gleichzeitig den Haushalt und einen großen Bekanntenkreis zu pflegen, wird ihnen zuviel. Und die vielen Freunde zu beköstigen, zehrt empfindlich am Haushaltsbudget, das sie selbst verwalten müssen.

Nach einem Jahr wirft Axel als erster das Handtuch und zieht zu seiner Freundin. Seine Begründung: dauernd diese vielen Leute, man käme ja vor Mitternacht gar nicht mehr ins Bett, nie habe man seine Ruhe.

Kurze Zeit später folgt Nicolas seinem Beispiel. Anita freut sich schon darauf, daß aus dem Jugendtreff einmal wieder ein ruhiges, beschauliches Häuschen im Grünen wird – ein Ort, an dem sie bald wieder in Ruhe leben kann.

Eins steht für Anita fest: Ihre drei Kinder sind erwachsen geworden, richtig fit fürs Leben. Und das, obwohl sie so lange zu Hause gewohnt haben. Aber eben ohne die Mutter.

Mark Kuntz
BRIGITTE 12/91

Kreuzen Sie die richtige Lösung an.

1. Am Himmelfahrtstag 1988 _____ .

    a frühstückte die Mutter mit ihren Kindern
    b kochte Anita Kaffee, stellte Aufschnitt, Marmelade und die Eier auf den Tisch
    c deckten Nicolas, Axel und Simon den Frühstückstisch auf der Terrasse

2. Die vollen Aschenbecher, Essensreste auf dem Wohnzimmertisch, Mayonnaise auf dem Küchen-
    boden usw. _____ .

    a hatten die Kinder und die Freunde hinterlassen
    b zeigen, daß Anita viel rauchte und keine Lust mehr hatte aufzuräumen
    c sind von den Verwandten, die sie selbst für den Nachmittag eingeladen hatte

3. Am Abend sagte Anita ihren Kindern als Begründung dafür, daß sie auszieht:

    a „Zugegeben. Ich habe bei der Erziehung immer größten Wert darauf gelegt, daß ihr Freunde
       nach Hause bringen durftet."
    b Zuletzt hielten sich meistens „mindestens ein Dutzend Leute im Haus auf. Es war zu einem
       munteren Jugendtreff geworden – durchgehend geöffnet."
    c „In den letzten Jahren war ich nichts weiter als die Betreuerin eines Jugendheimes."

4. Dem Reporter sagt Anita, sie habe daran gedacht, _____ .

    a ihren Erziehungsstil zu ändern (die Kinder strenger zu erziehen oder sie alle vor die Tür zu set-
       zen, ohne Miete für sie zu bezahlen)
    b selbst auszuziehen
    c daß die Jungs bei ihren Kumpels (Freunden) wohnen und ohne die Mutter klarkommen soll-
       ten

5. Welche Aussage ist richtig?

    a Anita ist eine sehr rauhe Mutter, die sich freut, wenn sie ihre Kinder nicht mehr sehen muß.
       Außerdem gehen ihr die Freunde der Kinder auf die Nerven, und sie will das Haushaltsbud-
       get der Kinder nicht mehr finanzieren.
    b Anita glaubt, daß ihre Kinder nur erwachsen werden konnten, weil sie sich alleine versorgen
       mußten. Sie mag ihre Kinder sehr.
    c Anita hat gewußt, daß Axel als erster das Handtuch wirft und auch Nicolas nicht lange zu
       Hause bleibt. Sie ist raffiniert: sie wollte von Anfang an nur ihr ruhiges Häuschen im Grünen
       und ganz alleine sein. Für die Kinder interessiert sie sich nicht.

B Schreiben

1. *Einfach tierisch!*
    Machen Sie eine Liste mit „tierischen" Redensarten.

a) Übersetzen Sie sie wörtlich ins Deutsche.
b) Finden Sie, wenn möglich, umgangssprachliche Entsprechungen.

2. *Der Bildband*
    Frau Stolze hat den Bildband gestohlen. Warum? Schreiben Sie Ihr Interview mit Herrn Schatz, dem
    Detektiv.

> ○ So, Frau Stolze, ganz langsam bitte. Sie waren
> also in der Buchhandlung ...

3. *Pro und Contra*
   Schreiben Sie Ihre Meinung und begründen Sie sie ganz knapp.

a) Sind Sie für oder gegen Männer in Frauenberufen?
   Beispiel: Ich bin dafür, weil Männer die gleiche Arbeit machen sollen.
   Oder: Ich bin dagegen, weil sie viele Aufgaben nicht so gut machen können.
b) Fahren Sie lieber mit dem Auto oder mit dem Fahrrad oder mit öffentlichen Verkehrsmitteln zur Arbeit?
c) Sind Sie eine „Nachteule" oder stehen Sie lieber früh auf?
d) Sollen Kinder so oft fernsehen, wie sie wollen, oder sollen die Eltern bestimmen, was und wie lange Kinder fernsehen?
e) Finden Sie die technischen Fortschritte der Menschheit in diesem Jahrhundert gut oder schlecht?
f) Sind Sportler gute Vorbilder für Jugendliche oder nicht?

C Dialogsituationen und Mündliche Prüfung (Ende des zweiten Jahres)

Hinweise für die Lehrerin/den Lehrer

Die mündlichen Prüfungen verlangen von den Lernern sehr viel Selbständigkeit. Dabei ist folgendes zu berücksichtigen:

– Die Liste der potentiellen Prüfungssituationen sollte circa drei bis vier Wochen vorher an die Lerner ausgegeben werden. Die Mehrheit der Lerner wird in der Regel erfolgreich damit arbeiten und sich entweder stärker an Vorgaben des Unterrichts und der Bücher halten oder diese kreativ weiterentwickeln. Sie können auch Materialien, Prospekte, Kostüme usw. mitbringen. Nur wenige Lerner nehmen dieses Angebot erfahrungsgemäß nicht an.

– Die Prüfungen sollten im Team stattfinden (2–3 Lerner). Das gibt den Lernern in der Regel mehr Selbstvertrauen (sie sind vorbereitet und nicht allein). Eine relativ authentische Situation kann durch eine „fremde" Lehrerin/einen fremden Kollegen geschaffen werden (Dialoge, fremder Adressat).

– Bei der Bewertung sollte man sich in erster Linie an kommunikative Adäquatheit halten. Grammatische Korrektheit sollte natürlich dem Leistungsstand entsprechend erwartet werden, aber nur da ausschlaggebend sein, wo ihr Fehlen die Kommunikation be- oder verhindert.

Hinweise für Lerner

Situationen Deutsch 2

– Bitte suchen Sie sich eine Partnerin/einen Partner für die mündliche Prüfung.
– Bitte bereiten Sie eine kurze Vorstellung Ihrer Partnerin/Ihres Partners vor.
– Bitte bereiten Sie *zusammen alle* Themen vor. Alle Themen haben Sie im Unterricht in identischer oder ähnlicher Form bereits kennengelernt.
– Die Prüfung wird circa 25 Minuten dauern. Vier Personen werden anwesend sein: Sie und Ihre Partnerin/Ihr Partner, Ihre Lehrerin/Ihr Lehrer und eine Kollegin/ein Kollege.
– Beginnen Sie die Prüfung mit einer kurzen gegenseitigen Vorstellung.
– Dann werden zwei Themen aus den drei verschiedenen Kategorien für Sie ausgesucht.
– Viel Spaß und Erfolg!

1. Auskünfte

1.1 Verkehrsprobleme

Der 1. Tag der Sommerferien. Millionen Deutsche fahren mit dem Auto Richtung Süden. Viele Straßen sind verstopft (aber nicht alle), es ist sehr heiß.

a) Sie sind Autofahrerin; mit Ihrer Familie unterwegs nach Italien. Sie sind im Stau. An einer Raststätte holen Sie sich Rat bei einem Stauberater.

b) Sie sind Stauberater und geben Auskunft über die Staus und die alternativen Routen usw.

1.2 Berufsberatung

a) Sie sind mit der Schule fertig und wollen/müssen nun einen Beruf erlernen. Sie sind sich aber nicht sicher, welchen. Gehen Sie zur Berufsberatung und erkundigen Sie sich ausführlich!

b) Sie sind die Berufsberatung. Geben Sie Auskunft, fragen Sie nach Schulbildung, Interessen, Fähigkeiten usw.

2. Interviews

2.1 Interview „Politiker"

a) Interviewen Sie einen Politiker/eine Politikerin zu den Aufgaben, Problemen und Skandalen der Politik.

b) Beantworten Sie die Fragen als Politiker/-in.

2.2 Tourismus

a) Sie sind Reporter/-in und wollen sich über das Urlaubsverhalten Ihrer Landsleute informieren.

b) Sie sind Tourismus-Experte/Expertin und geben Auskunft über das Urlaubsverhalten (Präferenzen, Kosten, Probleme usw.) Ihrer Landsleute.

3. Diskussionsthemen

Diskutieren Sie die verschiedenen Aspekte der folgenden Themen! Finden Sie Argumente pro und contra, erklären Sie Ihre Position und diskutieren Sie.

3.1 *Männerberufe sind für Frauen zu schwer.*
Frauenberufe sind nichts für Männer. / Es gibt gar keine typischen Männer- oder Frauenberufe.

3.2 *Hausarbeit ist (keine) Arbeit.*

3.3 *Wozu braucht man die Politiker?*

3.4 *Wie kann man sinnvoll die Freizeit nutzen?*

3.5 *Zu Hause wohnen oder ausziehen?*

a) Sie sind Sohn / Tochter und wollen von zu Hause ausziehen.

b) Sie sind Vater / Mutter und wollen, daß Ihr Kind nicht auszieht.

3.4 Schlüssel

Kapitel 1/2

A 1   s. DA Neu Lehrbuch, 1.2

A 2   1r 2f 3f 4f 5r 6r 7f

A 3
○ Auskunft 10. Grüß Gott.
● *Bitte die Nummer* von Willi Decher *aus* Kirtorf.
○ Wie, *wie heißt* der Ort?
● *Kirtorf. Das wird geschrieben* Karl – Ida – Richard – Theodor – Otto – Richard – *Friedrich.*
○ ....
● Kirtorf.
○ Wo ist das in der Nähe?
● In Hessen. Ich *buchstabiere* nochmal: *Karl – Ida – Richard – Theodor – Otto – Richard – Friedrich.* Kirtorf.
○ *Wie heißt* der Teilnehmer?
● *Willi* Decher.
○ Decher *mit Dora* am Anfang, ja?
● Dora, *genau.*
○ Die *Vorwahl,* Moment mal, *0 – 6 – 6 – 3 – 5.*
● *0 – 6 – 6 – 3 – 5.*
○ Und die *Rufnummer* : 2 – 0 – 4.
● *2 – 0 – 4.* Herzlichen *Dank.* Auf *Wiederhören.*
○ *Auf Wiederhören.*

B   1d, 2b, 3c, 4a, 5a, 6d, 7d, 8a, 9a, 10c, 11b, 12d, 13a, 14a

B 15   1. aus / Deutsch 2. spricht / ist / lebt 3. ist / Marokkaner / ist / arbeitet / in 4. wohnt / Jahre / aus / Griechenland / spricht 5. ist / Dolmetscherin / Deutscher 6. Arbeiter / kommt / der / lebt / daheim / der / Türkei 7. wohnt / Monate 8. Vietnam / Krankenschwester / kalt / freundlich

C 1   1 heiße 2 Frau 3 Italien 4 freut 5 mein 6 Verzeihung 7 Name 8 Auf 9 Wiedersehen

C 2   Der Deutschkurs hat zwölf Teilnehmer. Sie kommen aus Brasilien, Frankreich, Japan, Italien, Australien, Spanien, Kanada und den USA. Herr Wolf ist der Lehrer. Er ist nicht da. Er ist krank.

D 1   1b, 2j, 3i, 4f, 5g, 6e, 7h, 8c, 9d, 10a

D 2   *Muster s. Lehrbuch, 2A1*

Kapitel 3

A 1   1. Lehrerin; 2. Kinder zu klein; 3. 5; 4. viel Geld; 5. schön/ groß/sehr teuer; 6. die Wohnung; 7800,– DM; 8. gesund/viele Freunde

A 2
○ Sie sind *mein Gast.*
● Danke!
○ Was *nehmen* Sie?
● Ich *weiß nicht* ...
○ Ein *Texas-Steak*?
● Oh, das ist *aber teuer.*
○ Nein, nein! *Also ein Texas-Steak und einen Salat*?
● Ja, *gerne.*
○ Zuerst *eine Suppe*?
● Nein, *vielen Dank.*
○ Und *was* trinken *wir*? Ein *Bier*?
● *Lieber* ein *Mineralwasser.*
○ Ein *Mineralwasser*???

B   1c, 2b, 3a, 4b, 5d, 6a, 7c, 8b, 9c, 10d, 11a, 12d, 13d, 14b, 15d, 16c

C 1   1 machen 2 Der 3 warm 4 scheint 5 macht 6 Käse 7 schreibt 8 Brief 9 schläft 10 dick 11 spielt 12 Fußball 13 hört 14 krank 15 tut

C 2   *Muster s. Lehrbuch, 3A6*

C 3
Nr. 4: Nein, das ist kein Stuhl. Das ist eine Lampe.
Nr. 7: ... kein Heft ... ein Bild
Nr. 9: ... keine Tasche ... ein Tisch
Nr. 10: ... kein Radierer ... ein Buch
Nr. 15: ... kein Tonbandgerät ... ein Tageslichtprojektor
Nr. 6: Regal
Nr. 8: Landkarte

C 4   2. Familie Wolter und Familie Lang. 3. Schön und warm. 4. Das Essen. 5. Herr Lang schreibt einen Brief. 6. Er schläft. 7. Sie hört Musik. 8. Ein Mann und eine Frau. 9. Sie küssen. Er/Sie küßt.

D 1   *Muster s. Lehrbuch, 3A3*

D 2   *Muster s. Lehrbuch, 3A4*

Kapitel 4

A 1   1a, 2c, 3b

A 2   1c, 2c, 3c

A 3   1b, 2c

A 4   1b, 2c, 3a

A 5   1a, 2c, 3b

B 1
○ Na, *was fehlt Ihnen denn*?
● Mein *Hals* tut weh.
○ Aha, der *Hals;* zeigen Sie bitte mal! Ja, Ihr *Hals* ist rot. Sagen *Sie mal A!*
● AAAAA!!!
○ Tut *die Brust* auch weh? Hier vorne?
● Ja.
○ Haben Sie Husten?
● Etwas.
○ *Das ist eine* Angina Lacunaris.
● Wie bitte?
○ *Das ist eine* Entzündung. ... *Tun die Ohren auch weh*?
● Ja, das Ohr links.
○ Haben Sie die Schmerzen schon lange?
● Nein, erst zwei Tage.

Tabletten, Medizin, Medikamente, Schlaf ...

C   1b, 2a, 3a, 4a, 5a, 6c, 7a, 8c, 9c, 10c, 11b, 12c, 13d, 14a, 15c, 16b, 17d, 18b, 19b, 20a, 21d, 22c

D 1   1 war 2 Besitzer 3 links 4 Kinder 5 Sohn 6 ist 7 Geschäft 8 Keller 9 Miete 10 hatten 11 Kühlschrank 12 teuer 13 damals 14 ist

D 2   fängt ... an; lade ... ein; komme.

D 3   1 Arme 2 Augen 3 Münder 4 Hälse 5 Bäuche 6 Nasen 7 Füße 8 Hände 9 Ohren ...

E 1   *Muster s. Lehrbuch, 4A2*

E 2   *Muster s. Lehrbuch, 4A6*

Kapitel 5

A 1
Wie lange fahren wir?
Wann treffen wir uns?
Viertel vor acht!
Wann fährt der Zug?
Viertel vor acht ist früh genug.
Zwanzig vor acht!
Wie spät ist es jetzt?
Oh, mein Wecker ist kaputt!
Viertel nach sieben.
Viertel nach sieben ist früh genug!
Dann schlafe ich schlecht!

A 2   1f, 2f, 3f, 4r, 5f

A 3
○ Ich *brauche* ein *Hotelzimmer.* Ich möchte ...
● *Zur Buchmesse*?
○ Ja, können Sie ...
● *Leider* nicht. Alle *Hotels* sind *besetzt.*
○ Nur für eine *Nacht* !
● Wir *haben* noch eine *Privatadresse* in Kelkheim.
○ Kelkheim?
● *Etwa fünfzehn Kilometer* bis zur Messe. Sie *können mit dem Bus fahren.*
○ Gut. Wie ist die *Adresse*?
● Sie können *direkt anrufen.* Hier ist die *Telefonnummer:* 0 61 95/89 02.

A 4   14 Uhr 30; krank; vormittag; nichts; 17.; 15 Uhr.

B   1c, 2d, 3b, 4a, 5b, 6a, 7d, 8c, 9c, 10a, 11a, 12d, 13a, 14d, 15 a, 16b

C 1   1 hat 2 Eile 3 Um 4 vor 5 findet 6 aber 7 sagt 8 hilft 9 vielleicht ist 10 geht 11 schreibt 12 ruft 13 Taxi 14 fährt 15 nach

C 2   2. Sie beginnen am ... 3. Im Saarland beginnen sie am ... und dauern bis (zum) ... 4. Sie haben in Bayern Pfingstferien vom ... bis zum ... 5. Sie dauern vom ... bis zum ...

C 3   *Muster s. Lehrbuch, 5A1*

D 1   *Muster s. Lehrbuch, 5A3*

D 2   *Muster s. Lehrbuch, 5A7*

Kapitel 6

A 1   ○ Da sind Sie ja endlich, Herr Rasch! Was *haben* Sie denn den ganzen *Vormittag* gemacht? Ich *habe* Sie heute morgen um neun Uhr zu Meinke und Co. *geschickt*, und jetzt ist es Viertel nach zwei!!
     ● Ja, also ... um neun Uhr, da *war viel Verkehr.* Ich war erst um zehn Uhr da. *Dann habe ich eine Stunde* gewartet; Herr Meinke *hat gerade Briefe diktiert.*
     ○ Und dann?
     ● *Ich habe bis halb zwei mit Herrn Meinke geredet. Dann habe ich schnell einen Hamburger geholt* – und jetzt bin ich wieder hier. ...

A 2   1. Er ist aufgestanden. 2. Er ist im Bad gewesen. 3. Um Viertel vor neun. 4. Schlecht/Nicht gut. 5. Für Monika hat er Blumen gekauft.

B   1d, 2d, 3b, 4d, 5a, 6c, 7a, 8c, 9c, 10d, 11d, 12c, 13a, 14c, 15d, 16a

C 1   1 Einbrecher 2 Fenster 3 gekommen 4 Geräusch 5 gegangen 6 aufgemacht 7 ausgeräumt 8 gefragt 9 geantwortet 10 Bahnhofstraße 11 Kaffee 12 Polizei

C 2   *Muster s. Lehrbuch, 6A6*

C 3   *Muster s. Lehrbuch, 6A2*

C 4   *Muster s. Lehrbuch, 6A4*

D 1   *Muster s. Lehrbuch, 6A7*

D 2   *Muster s. Lehrbuch, 6A1*

Kapitel 7

A 1   Wir sind hier und das Rathaus ist da oben! Ihr müßt hier die Hauptstraße entlang gehen. Und dann die 2. Straße rechts. Ungefähr 200 Meter, da ist das Rathaus auf der linken Seite.

B   1a, , 2b, 3a, 4b, 5d, 6b, 7b, 8d, 9a, 10b, 11b, 12a, 13c, 14a, 15c, 16c, 17c, 18b, 19a, 20d

C 1   1 verkauft 2 Automarkt 3 Werkstatt 4 dem 5 Theater 6 abgelaufen 7 gefahren 8 schlange 9 Stunden 10 Abgastest 11 Werkstatt 12 gleich 13 Papier 14 bezahlt

C 2   2. das Huhn in die Schublade gelegt 3. den Topf auf das Sofa/hinter das Kissen 4. den Schinken neben das Sofa gelegt 5. das Obst unter den Tisch gestellt 6. die Würstchen an die Wand gehängt 7. das Bier zwischen die Bücher gestellt 8. den Kuchen auf den Boden gestellt

C 3   *Muster s. Lehrbuch, 7A3*

C 4   1. in die Werkstatt 2. zum Arzt 3. in den Supermarkt / ins Geschäft 4. ins Kino 5. auf den/zum Automarkt 6. zum Flughafen 7. zur Post 8. zur Auskunft 9. zum Bahnhof 10. ... zum Goethe Institut

C 5   *Muster s. Lehrbuch, 7A4*

D 1   *Muster s. Lehrbuch, 7A2*

Kapitel 8

A 1   1b, 2a, 3c, 4a, 5c, 6b, 7b

A 2   1b, 2c, 3c

A 3   1a, 2b, 3b, 4c

A 4   1. Reihenfolge: 2-6-1-3-5-4
     2. Europa ca. nach 1974, Japan vor 1979, USA 1979, 203 Konzerte 1984, Frankreich 1985, Deutschland nach 1985, Leningrad 1988, Moskau 1989

A 5   1c, 2b, 3a, 4c

B 1   ○ *Zeigst* du *mir* mal deine Geschenke?
     ● Da, schau!
     ○ *Gehört* das alles *dir*? – Wahnsinn!
     ● Hier, sieh mal, wie *gefallen dir* die?
     ○ Hä? Was ist das?

     ● Knieschützer. *Die passen mir ganz genau.*
     ○ Knieschützer?? Warum Knieschützer?
     ● Ich hab' *immer kalte Knie*; und jetzt sind sie warm.
     ○ Irre! Leihst *du mir die mal*?
     ● Ich schenk' dir einen. *Dann haben wir beide einen.*
     ○ Wahnsinn! Ich links und du rechts.
     ● Oder du links und ich rechts.
     ○ Noch besser!

C   1a, 2b, 3c, 4a, 5a, 6a, 7d, 8d, 9c, 10a, 11a, 12a, 13a, 14a, 15d, 16a, 17b, 18b, 19c, 20d, 21b, 22d, 23b, 24a, 25d, 26c, 27a, 28b, 29a, 30c, 31d, 32d, 33a, 34b, 35c, 36d, 37b, 38a, 39b, 40d

D 1   1. Weihnachten 2. Deutschland 3. Weihnachtsfeiertage 4. Dezember 5. Abend 6. diesem 7. Kirche 8. Hause 9. geschmückt 10. Kugeln 11. Figuren 12. Sternen 13. liegen 14. Geschenke 15. Geschäfte 16. Lebkuchen 17. Plätzchen 18. Spezialitäten

D 2   Meinem Vater ...; meinem Freund ...; meinem Opa ...; meinem Bruder ...; meiner Freundin ...; meiner Schwester ...; ...

D 3/D 4   *(offen)*

E 1   *Muster s. Lehrbuch, 8A1*

E 2   *Muster s. Lehrbuch, 8A3a*

Kapitel 9

A 1   1r, 2f, 3r, 4f, 5r, 6f, 7f

B   1b, 2b, 3a, 4d, 5d, 6a, 7a, 8b, 9b, 10c, 11a, 12d, 13a, 14a, 15c, 16d

C 1   Ich bin spät nach Hause gekommen. Ich bin aber mit dem Auto gefahren. Ich glaube, ich habe die Garage kaputtgemacht. Sieh mal bitte nach. Vielleicht ist es teuer. Der Lift geht auch nicht mehr und er macht viel Krach. Die Nachbarn haben viel gesungen. Gute Nacht.

C 2   *Muster s. Lehrbuch, 9A1*

C 3   A a) Ich muß viel putzen, aber ich möchte lieber Bücher lesen.
        b) Sie müssen viel Auto fahren, aber Sie möchten lieber Picknick machen.
        c) Sie muß viel einkaufen, aber sie möchte lieber schwimmen gehen. ...

     B 2. Hier muß man anhalten.
        3. Hier darf man nicht parken.
        4. Hier kann man telefonieren.
        5. Hier kann man kein Wasser trinken.
        6. Hier muß man leise sein.

     C 1. Uwe will skifahren.
        2. Anna und Max wollen Tennis spielen.
        3. Familie Gröner will radfahren.
        4. Wir wollen schwimmen.
        5. Ich will schlafen. ...

C 4   *(offen)*

D 1   *Muster s. Lehrbuch, 9A2*

D 2   *Muster s. Lehrbuch, 9A3*

D 3   *Muster s. Lehrbuch, 9A5*

Kapitel 10

A 1   Es *waren* Männer, die nur *gingen, gingen, gingen.* Sie *waren* groß, sie waren bärtig, *sie trugen Ledermützen und lange Regenmäntel,* sie nannten sich Abel, Babel und Cabel, und *während sie gingen,* sprachen sie *miteinander.* Sie gingen und *sahen sich um und sahen,* was sich zeigte, und sie *sprachen darüber und über anderes,* was sich früher gezeigt hatte. *Wenn einer sprach,* schwiegen die beiden anderen und *hörten zu oder sahen sich um und hörten auf anderes,* und wenn der eine zu Ende gesprochen hatte, sprach der zweite, und dann der dritte, *und die beiden andern hörten zu oder dachten an anderes.* Sie *gingen mit festen Schuhen,* doch ohne Gepäck, trugen bei sich nur, *was in den Taschen der Kleidungsstücke* lag, ...

B   1c, 2a, 3d, 4a, 5a, 6b, 7a, 8c, 9d, 10b, 11a, 12c, 13b, 14d, 15c, 16d, 17a, 18b, 19b, 20d, 21d, 22c, 23d, 24b, 25b, 26a, 27d, 28b, 29a, 30d, 31a, 32a, 33d, 34b, 35a

C 1 1 einem 2 groß 3 fett 4 fragte 5 los 6 lag 7 Boden 8 mich
9 getreten 10 Vielleicht 11 schon 12 hast 13 sagte 14 schönes
15 möchte

C 2 Ich, Helga Köcher, bin am 16. September 1962 in Deggendorf an
der Donau geboren. Meine Eltern sind Karl-Heinz und Claudia
Köcher, geborene Blesch. Ich bin verheiratet mit Wolfgang Bauer
und habe zwei Kinder. Von 1968 bis 1972 habe ich die Grund-
schule in Deggendorf besucht. Anschließend bin ich auf das
Comenius-Gymnasium in Deggendorf gegangen und habe 1981
das Abitur gemacht. Von 1981 bis 1986 habe ich an der JWG-
Universität in Frankfurt Anglistik und Sportwissenschaft studiert.
…

C 3 aus Margarinien; im Süden; Besenbinder; ein Mann, der Besen
macht; ja, wie ein Bär; fünf; Brot, Wurst und Bier; sie gehen nie
kaputt; Ich bin Rentner.

D 1 *Muster s. Lehrbuch, 10A4*

D 2 *Muster s. Lehrbuch, 10A1*

Kapitel 11

A 1 Ich wußte gar nicht, daß du so hübsch bist, *mein Kleiner!*
Ich will *keinen Anzug!*
Aber Junge! Für die Tanzstunde!
Ich gehe nicht …

… eine *solide, unauffällige* Farbe. Die kann man immer tragen,
zur Arbeit, zur Hochzeit, zur Beerdigung …
Da haben Sie recht! Dann braucht mein Mann auch nur einen
Anzug. Wissen Sie …

Süß siehst du aus!
Wirklich? Du gefällst mir auch so gut! *Das Sakko* macht *eine
wunderbare* Figur.
Aber du erst! *Laß uns heiraten! Jetzt gleich!!*
Nicht wahr, die Herrschaften?

Probieren Sie den doch mal, *den grünen.*
Ist das ein Jägermantel?
Wollen Sie lieber *einen roten?*
Haben Sie auch *rote?*

A 2 ○ Wie findest du den?
● Nicht schlecht – aber du wolltest doch eine Weste kaufen, *eine
blaue Weste* – oder?
○ Die haben mir alle nicht gefallen.
● Was? *Es gibt so schicke* Westen! *Die sind jetzt ganz modern,
und zu deinem neuen Jackett …*
○ Ja, ich weiß. Ich habe auch viele anprobiert, blaue, graue,
karierte, gestreifte. Aber die stehen mir einfach nicht!
● *Das verstehe ich nicht. Oder hatten die …*
○ Doch, doch, aber wie findest du den Pullunder?
● *Zeig mal! Wirklich nicht schlecht, der ist sogar* hübsch! – *Laß
mich den mal anziehen!* … Na? Mensch, der ist ja super – für
mich! *Weißt du was? Ich kauf dir eine Weste!*
○ Aber Westen stehen mir nicht!
● *Du hast keine Ahnung. Du wirst sehen!* – Hast du noch Geld?

B 1d, 2a, 3b, 4c, 5c, 6b, 7d, 8b, 9a, 10c, 11b, 12c, 13c, 14a, 15c, 16b,
17b, 18d, 19d, 20a, 21b, 22b

C 1 *Muster s. Lehrbuch, 11A10*

C 2 *Muster s. Lehrbuch, 11A11*

C 3/C 4 *(offen)*

D 1/D 2 *(offen)*

Kapitel 12

A 1 1b, 2c, 3a, 4c, 5c

A 2 1b, 2c, 3b

A 3 1c, 2b, 3b, 4b, 5c

A 4 1c, 2b, 3c, 4b, 5b

A 5 1b, 2c, 3a, 4c

B 1 *s. Lehrbuch, 12A7*

C 1a, 2c, 3a, 4c, 5a, 6d, 7a, 8c, 9c, 10a, 11a, 12a, 13b, 14a, 15d, 16b,
17a, 18d, 19a, 20b, 21b, 22c, 23d, 24c, 25b, 26d, 27a

D 1/D 2 *(offen)*

E 1 *Muster s. Lehrbuch, 12A3*

E 2 *2.1 Muster s. Lehrbuch, 11A3*
2.2 Muster s. Lehrbuch, 11A11
2.3/2.4 (offen)

E 3 *3.1 s. Lehrbuch, 9A2 Ü3*
3.2 (offen)
3.3 Muster s. Lehrbuch, 12A2

Kapitel 13

A 1 1r, 2r, 3f, 4f, 5r, 6r, 7r, 8r

B 1b, 2c, 3b, 4d, 5d, 6c, 7a, 8c, 9c, 10b, 11b, 12b, 13a, 14a, 15d, 16a,
17b, 18c, 19a, 20a, 21b, 22c, 23c, 24c, 25a, 26d, 27c, 28a

C 1 *Muster s. Lehrbuch, 13A3/4*

C 2 *Muster s. Lehrbuch, 13A5*

C 3 *(offen)*

D 1 *(offen)*

D 2 *Muster s. Lehrbuch, 13A6*

D 3 *(offen)*

Kapitel 14

A 1 1f, 2f, 3f, 4r, 5r, 6r, 7f, 8f, 9r, 10r

B 1b, 2a, 3b, 4b, 5a, 6c, 7d, 8b, 9d, 10d, 11d, 12b, 13a, 14d, 15a

C 1 Der Mann/Hund ist größer als … / schwerer als … / schneller
als / sieht besser aus als … / ist freundlicher als … / stärker als
… / ist intelligenter als …
… genauso schön/groß/schwer/schnell/langsam/häßlich/hübsch/
dick/dünn … wie der Hund/Mann

C 2 *s. Lehrbuch, 14A5e*

D 1/D 2 *(offen)*

Kapitel 15

A 1 1. zu langweilig; 2. nach Norwegen; 3. er sieht eine Jacke mit
Fischgrätenmuster; 4. sein Haus ist sehr schön; 5. sie sind nett;
6. er findet es zu kalt und unpersönlich; 7. Sherry, Whisky,
Gin-Fizz; 8. er muß Auto fahren.

B 1b, 2a, 3a, 4c, 5b, 6a, 7d, 8b, 9a, 10c, 11c, 12a, 13b, 14b, 15b, 16d,
17b, 18d

C 1 *Verschiedene Zuordnungen sind möglich.*

C 2 *(offen)*

D 1 *s. Lehrbuch, 15A5*

D 2 *s. Lehrbuch, 15A7*

Kapitel 16

A 1 1b, 2a

A 2 1b, 2a, 3b, 4c, 5a

A 3 1c, 2b, 3b, 4a, 5b, 6b, 7a

A 4 1b, 2a, 3b, 4c, 5b, 6b

A 5 1b, 2a, 3b, 4b, 5c, 6b

A 6 1a, 2c, 3b, 4a, 5c, 6b

B 1 *s. Lehrbuch, 16A1a*

C 1c, 2a, 3d, 4a, 5c, 6b, 7b, 8c, 9a, 10b, 11c, 12a, 13d, 14a

D 1 *s. Lehrbuch, 16A5*

D 2/D 3 *(offen)*

E 1/E 2 *(offen)*

Kapitel 17

A 1 1r, 2f, 3n(icht im Hörtext), 4f, 5f, 6r, 7r, 8r, 9r, 10n

B 1c, 2c, 3b, 4c, 5a, 6b, 7a, 8a, 9a, 10c, 11d, 12c, 13d, 14a

C 1 *Muster s. Lehrbuch, 17A3*

C 2 *(offen)*

C 3   Heute ist etwas ganz Ungewöhnliches passiert ... Um 14.30 h war/ist das Kind zum Spielplatz gegangen und um 14.45 h ist es dann in Richtung Fluß weggelaufen. Da das Kind auch nach über einer Stunde nicht zurück war, hat die Mutter die Polizei angerufen. Zum Glück wurde das Kind aber kurze Zeit später gefunden: es war ganz naß, denn ein Hund hatte es aus dem Fluß geholt. Hätte der Hund das Kind nicht gerettet, wäre es fast ertrunken. Schnell wurde es dann ins Krankenhaus gebracht. Die Ärzte konnten keine schweren Verletzungen feststellen. Das Kind war nur leicht unterkühlt. Wie es zu dem Unglück gekommen ist, ist noch unklar. Die Polizei vermutet aber, daß ....

D 1/D 2   *(offen); Muster s. Lehrbuch, 17A2*

Kapitel 18

A 1   Abends wird es *bös*,
Mutter ist *nervös*,
Vater kommt nach *Haus*,
alles *aus*!

Wir woll'n *zu ihm geh'n*,
Er will uns nicht *seh'n*,
Er will uns nicht *hör'n*,
weil *wir stör'n*.

„Ihr seid jetzt ganz mucksmäuschenstill,
weil Vater seine Ruhe will."

Vater ist *kaputt*,
Seine Nerven *Schutt*.
Seine Arbeit *tut*
ihm nicht *gut*.

Morgens *haut er ab*,
abends *ist er schlapp*.
Können vielleicht *wir*
was *dafür*?

„Ach, meine Nerven! Ruhe! Raus!
Ich halte das *nicht länger aus!*"

Jedes dufte *Spiel*
wird Mama *zuviel*.
Was zum *Lachen ist*,
nennt sie *Mist*.

Ist dann mal *was los*,
und der Spaß *ist groß*,
brüllt sie gar nicht *nett*:
„Marsch ins Bett!"

B   1b, 2c, 3c, 4a, 5a, 6c, 7a, 8b, 9d, 10b, 11b, 12a, 13a, 14d, 15c, 16b, 17b

C 1/C 2   *(offen)*

D 1/D 2   *(offen)*

Kapitel 19

A 1   1a, 2b, 3a, 4b, 5b, 6b, 7b

B   1c, 2b, 3c, 4d, 5a, 6b, 7d

C 1   ○ Wann hat die Studentin denn den Vertrag abgeschlossen?
● Ich habe keine Ahnung.
●● Es könnte gestern gewesen sein.
○ Woher wissen Sie das?
●● Ich weiß es nicht genau, aber ich habe sie gestern bei der Bank gesehen. ...

○ Welche Musik bereitet Babys am meisten Vergnügen?
● Ich glaube, es ist vor allem die Musik von Mozart und Vivaldi.
○ Warum denn?
● Sie ist so sanft und ruhig.

Weitere Texte nach Muster oben oder im Lehrbuch.

C 2   *Mit Vorlage aus dem Lehrbuch, 19A3*

Ich schlafe nicht viel. Meistens gehe ich dann in meinem Zimmer auf und ab, weil ich so verzweifelt und müde bin. Aber dennoch kann ich nicht schlafen. Ich bin nicht mehr derselbe. Als ich nach Deutschland kam, war ich noch sehr gespannt und lachte nur über die Ängste der anderen. ...

D 1   *Muster s. Lehrbuch, 19SIT1*

D 2   *(offen)*

D 3   *s. Lehrbuch, 19A1*

D 4   *(offen)*

Kapitel 20

A 1   1a, 2b, 3b, 4a

A 2   1b, 2c, 3a

A 3   1c, 2c, 3c, 4a

A 4   1a, 2b, 3c

A 5   1b, 2b, 3c, 4c, 5c

B   1c, 2d, 3d, 4c, 5d, 6a, 7d, 8c, 9b; 10: 1d, 2a, 3a, 4a, 5c

C 1   *s. Lehrbuch, 20A5*

C 2/C 3   *(offen)*

D 1   *(offen)*

D 2   *s. Lehrbuch, 20SIT*

D 3   *s. Lehrbuch, 20A6*

Kapitel 21

A   1b, 2c, 3a, 4c, 5c

B 1   *s. Lehrbuch, 10A5*

B 2   *s. Lehrbuch, 21A5*

B 3   *s. Lehrbuch, 21A4*

B 4   *s. Lehrbuch, 21A7a*

B 5   *(offen)*

B 6   ... pauke und wieder vergesse. Was wirklich Leben sei, darüber werde im Unterricht nicht gesprochen. Sie behauptet, dort gebe es kein Wort über NUKEM oder Tschernobyl. Sie sagt, sie hätten zwei Wochen im Sozialkundeunterricht besprochen, wie das politische System in der BRD funktioniere, zum Beispiel in bezug auf die Wahlen. Ja, sie sagt, das müsse man sich mal vorstellen: im Sozialkundebuch gebe es keine Statistik, die jünger als 10 Jahre sei. Sie gibt zwar zu, daß es auch am Lehrer liege, sich um Zusatzmaterial zu kümmern, aber das machten leider nicht viele. Weiter sagt sie, daß das aktuellste Thema, über das sie zur Zeit sprächen, Brechts „Baal" sei. Die Lehrer seien im Druck und müßten ihren Lehrplan schaffen. Da stehe: 2 Dramen, und dann zögen sie sie durch. Dann bleibe keine Zeit mehr für Diskussionen. Sie sagt, daß der Leistungsdruck in der 12. nicht mehr so schlimm sei. In der 11. sei es aber arg (schlimmer) gewesen. In jedem Fach habe es „Exen" gegeben. Sie sagt, daß sie sich mit Latein 3 Jahre lang abgepaukt habe, bis sie es jetzt abgeben konnte. Sie frage sich, warum man sich da anstrengen solle, wenn man es überhaupt nicht gebrauchen könne. Sie meint auch, daß die Lehrer besser lernen sollten, wie sie den Stoff vermitteln können. Da gebe es welche, die läsen den ganzen Unterricht nur vom Blatt ab. Die beherrschten ihr eigenes Fach nicht und gingen überhaupt nicht auf die Fragen ein, die gestellt werden. Dann berichtet sie, daß sie einmal eine Apfelsaftflasche vor sich auf dem Tisch gehabt habe, über die der Lehrer sich beleidigend aufgeregt habe. Sie sagt, er habe gesagt, daß er so ein Desinteresse noch nie erlebt habe und daß sie sofort die Schule verlassen solle. Keiner habe ihr da geholfen. ...

Die Zusammenfassung kann auch etwas allgemeiner sein:

... Abschließend kritisiert sie noch, daß es viel Grüppchenwirtschaft gebe, und spricht über die Probleme, die Kinder und Eltern wegen der Noten hätten. Sie nennt eine Freundin als Beispiel, die immer Hausaufgaben machen müsse und nur einmal in der Woche abends weggehen dürfe. Sie sagt, sie freue sich darauf, später einmal richtig frei zu sein ...

C 1/C 2   *(offen)*

4 Zertifikat Deutsch als Fremdsprache

4.1 Zur Konzeption

Das *Zertifikat Deutsch als Fremdsprache* wird gemeinsam vom Goethe-Institut und dem Deutschen Volkshochschulverband vergeben. Es gilt als *das* international anerkannte Zeugnis für den Nachweis von Deutsch-Grundkenntnissen. In der Regel sind dafür mindestens 2 Jahre Deutsch Grundvoraussetzung. Viele Lehrwerke orientieren sich an den Zertifikatsanforderungen und versuchen, auf die Prüfung vorzubereiten.

Nach Angaben des Zertifikats weist der Teilnehmer mit der erfolgreich bestandenen Prüfung nach, daß er über Grundkenntnisse in der deutschen Sprache verfügt, die es ihm ermöglichen, sich in Alltagssituationen sprachlich zurechtzufinden, ein Gespräch über Situationen des täglichen Lebens zu verstehen und sich daran zu beteiligen und einfache Sachverhalte mündlich und schriftlich darzustellen. Die Prüfung besteht aus den schriftlichen Prüfungsteilen *Leseverstehen, schriftlicher Ausdruck, Hörverstehen* und *Strukturen/Wortschatz* sowie einer Einzelprüfung im *mündlichen Ausdruck.* Die Prüfung gilt als dann bestanden, wenn in der schriftlichen und in der mündlichen Prüfung jeweils mindestens 60% der zu vergebenden Punkte erreicht wurden.

Im folgenden findet sich – mit freundlicher Genehmigung des Goethe-Instituts München – ein vollständiger Übungssatz (allerdings ohne Hörcassette; die Transcriptionen zu den in den Goethe-Instituten erhältlichen Cassetten sind aber auf S. 217 ff. abgedruckt). So kann man leicht einen Überblick über die Art der vom Zertifikat gestellten Anforderungen gewinnen.

4.2 Prüfungssatz

Goethe-Institut
Zertifikat Deutsch als Fremdsprache

Übungssatz
ZDaF 0.5 - LV
Zeit: 45 Minuten
(insgesamt)

L E S E V E R S T E H E N

Lesen Sie zuerst die folgenden beiden Texte:

Text 1:
MÄDCHEN IN MÄNNERBERUFEN

"Am Anfang", sagt Gabriele, "haben mich die Kunden schon mal fragend
angeschaut." Eine Frau im Blaumann, dem in Werkstätten üblichen blauen
Arbeitsanzug, das kam ihnen komisch vor; ihr Auto wollten sie doch
lieber vom Chef reparieren lassen. Die junge Auto-Mechanikerin hat
5   dafür Verständnis. "Da gibt ein Mann sein Auto weg, und eine Frau
repariert, was er selbst nicht kann". Inzwischen hat man sich in
diesem Autohaus an die Mechanikerin gewöhnt. Der Chef meint, daß das
Problem nicht die Frauen in der Werkstatt sind, sondern die Männer,
die in den Laden kommen und sich immer noch über die Frau im
10 Arbeitsanzug wundern.

Aber damit hat Gabriele keine Probleme, sie weiß, was sie will. Als
Kind hat sie lieber mit Autos gespielt als mit Puppen. Später hat sie
dann kräftig geholfen, wenn ihr Vater, der von Beruf Auto-Mechaniker
ist, nach Feierabend noch in seiner Werkstatt beschäftigt war. "So ein
15 Auto, das war einfach eine herrliche Sache!", erinnert sie sich. Zwei
Jahre hat sie das Gymnasium besucht, aber das hat sie nicht so
interessiert. Als sie dann die Hauptschule abgeschlossen hatte, stand
die Berufswahl fest. "Ich wollte mit Autos zu tun haben", sagt sie
lachend.

20 Nur die Mutter war anfangs nicht ganz einverstanden mit diesem
Berufswunsch. Das Suchen nach einem Ausbildungsplatz war auch nicht
gerade leicht. Über 100 Bewerbungen hat Gabriele zu der Zeit
abgeschickt. Bei einer Werkstatt in Hannover hatte sie dann Glück und
wurde angenommen. Bald war sie Jugendvertreterin von 20 Lehrlingen
25 oder "Auszubildenden", wie sie heute heißen. "Der Betrieb hatte gerade
gute Erfahrungen mit einem Mädchen gemacht", begründet sie ihren
Erfolg. Sie meint, daß auch ein damals neu begonnener Versuch der
Regierung, für Mädchen neue Ausbildungsberufe zu finden, ihre Chancen
erhöht hat.

30 Dieser Ausbildungsversuch der Regierung sollte untersuchen, ob nicht
technische Berufe stärker für Mädchen geöffnet werden könnten. So
wurden einige Jahre lang ungefähr 1200 Mädchen und junge Frauen in
einem typischen "Männerberuf", vor allem in Metalltechnik und
Elektrotechnik, ausgebildet. Der Erfolg war groß: 65 Prozent der
35 Auszubildenden, das sind etwa genauso viele wie in den typischen
"Frauenberufen", fanden nach der Prüfung eine Stelle in ihrem
gelernten Beruf. Nur sieben Prozent blieben arbeitslos.

Dennoch muß viel getan werden, um den Frauen wirklich die gleichen
beruflichen Chancen zu geben wie den Männern. Die Zahl weiblicher
40 Lehrlinge in einem typischen Männerberuf ist zwar in den letzten
Jahren gestiegen, aber nach wie vor entscheiden sich noch immer mehr
als die Hälfte aller Schülerinnen für 10 von rund 400 möglichen
Berufen. Die Berufe, die von Mädchen immer noch am meisten gewählt
werden, sind Verkäuferin, Friseurin und Bürokauffrau.

196

45 Die Verbesserung der Beschäftigungssituation von Frauen gehört daher
in Deutschland zu den wichtigsten Zielen der Frauenpolitik. So wird
zum Beispiel über die Frage diskutiert, was an der Berufsausbildung
von Mädchen und jungen Frauen geändert und verbessert werden müßte.
Mit allen Kräften sollen Mittel und Wege gefunden werden, um die
50 Mädchen auch für andere Berufe zu interessieren.

Alle jungen Frauen, die an dem Ausbildungsversuch teilgenommen haben,
und auch die Arbeitgeber, bei denen sie beschäftigt waren, fanden im
Schlußbericht nur lobende Worte für die neue Berufsausbildung. Auch
Gabriele hat sich nie geärgert, daß sie sich für diesen Beruf
55 entschieden hat. Daß man sich bei der Arbeit die Finger schmutzig
macht, stört sie nicht, und wenn etwas körperlich schwer ist, holen
sich auch ihre Kollegen Hilfe.

Mit Männern, sagt sie, versteht sie sich gut: "Wenn man genauso hart
arbeitet wie die Männer, hat man mit ihnen keine Schwierigkeiten, und
60 die behandeln einen genauso wie die männlichen Kollegen." Gabrieles
Chef würde immer wieder eine Frau einstellen. Er sagt: "Wer eine
Autotür in einer Stunde aus- und wieder einbaut, der kriegt die
Stelle. Und außerdem sorgen die Frauen dafür, daß sich im Betrieb alle
wohl fühlen."

Lösen Sie jetzt bitte die Aufgaben zu Text 1!

L E S E V E R S T E H E N

Text 2:

FERIEN AUF DEM BAUERNHOF

Früher kamen fast nur junge Arbeiterehepaare aus dem Ruhrgebiet und
Berlin mit ihren kleinen Kindern auf den Bauernhof, um sich dort
zwei bis drei Wochen zu erholen. Die meisten kamen, weil es so
billig war und es außerdem immer viel und kräftig zu essen gab. Sie
5   hatten nicht so viel Geld, und so ein Urlaub war der einzige, den
sie sich leisten konnten.

In den letzten 20 Jahren haben sich die Vorstellungen der Menschen
über ihre Ferien stark geändert. Sie erwarten viel mehr von ihren
Ferien und von ihrer Unterkunft. Deshalb sind die Unterkünfte auf
10 den Höfen auch viel besser und bequemer geworden. Wer nur Zimmer
ohne Dusche und WC hat, der wird kaum Gäste finden.

Ferien auf dem Bauernhof gewinnen immer mehr Freunde. Die 2800
Betten, die auf Bauernhöfen in Niedersachsen - entweder in Ferien-
wohnungen oder in Einzel- und Mehrbettzimmern - angeboten werden,
15 sind an gut 120 Tagen im Jahr vermietet. Auch der Aufenthalt der
Gäste dauert länger als früher. Ferien auf dem Bauernhof sind als
Zweit- oder gar Dritturlaub sehr modern. Besonders Lehrer, Beamte
und Leute aus ähnlichen Berufen wollen sich in der Natur in aller
Ruhe erholen.

20 Elke und Hans Borchers vermieten seit 1969 auf ihrem Hof Urlaubs-
unterkünfte. In diesem Jahr hatten sie schon mehr als 4000 Gäste-
übernachtungen. Es kommen inzwischen von März bis November Gäste.
Hans Borchers fühlt sich manchmal eher als Hotelbesitzer und nicht
mehr als Bauer. Wenn alle Zimmer besetzt sind, hilft er seiner Frau
25 in der Küche und im Eßraum. Zwischendurch muß er sich aber auch noch
um sein Vieh kümmern: 45 Milchkühe, ein paar Dutzend Kälber und 5
Pferde.

Familie Borchers hat ihre Zimmer jedes Jahr ein bißchen schöner und
moderner gemacht. Und auch auf dem Hof wurde für die Urlaubsgäste
30 eine Menge verändert: Die Pferde sind jetzt nur noch für die Gäste
da, zum Reiten und für Fahrten mit dem Pferdewagen durch die schöne
Umgebung. In einem alten Stall, in dem früher Vieh untergebracht
war, entstanden eine Sauna und ein Schwimmbad, das durch moderne
Technik geheizt wird.

35 Mit dem Urlaub auf dem Bauernhof ist beiden Seiten, den Bauern und
den Urlaubsgästen, geholfen: Die Urlaubsgäste, besonders die aus der
Großstadt, können sich in Ruhe in der Natur erholen, und die Bauern,
die heute in der Regel mit der Produktion von Nahrungsmitteln nicht
mehr genug verdienen, schaffen sich so eine zweite Existenzgrund-
40 lage.

Lösen Sie jetzt bitte die Aufgaben zu Text 2!

L E S E V E R S T E H E N

Zu den folgenden 15 Aufgaben gibt Ihnen nur der Text die richtige
Antwort. Lesen Sie also bei jeder Aufgabe nochmals im Text nach,
und fragen Sie sich: Habe ich das im Text gelesen?
Markieren Sie dann den Buchstaben für die richtige Antwort auf
dem Antwortbogen! Zu jeder Aufgabe gibt es nur eine richtige Lösung.

A u f g a b e n   z u   T e x t   1:

1. Zeile 1 - 6

   a)   Am Anfang mußte Gabriele immer wieder die Kunden fragen.
   b)   Die Kunden lachten über Gabriele, weil sie in ihrem Arbeitsanzug
        komisch aussah.
   c)   Gabriele findet es richtig, daß ein Mann seiner Frau nicht gern
        sein Auto leiht.
   d)   Manche Kunden hatten kein Vertrauen zu der jungen Auto-
        Mechanikerin.

2. Zeile 6 - 10

   a)   Der Chef meint, daß Frauen weniger Probleme in einer Werkstatt
        haben als Männer.
   b)   Es gibt immer noch Männer, die überrascht sind, daß eine Frau
        in der Werkstatt arbeitet.
   c)   Inzwischen hat sich Gabriele an ihre Arbeit im Autohaus gewöhnt.
   d)   Was Gabriele nicht schafft, macht ihr Chef gerne fertig.

3. Zeile 11 - 15

   a)   Gabriele hat den Beruf eines Auto-Mechanikers bei ihrem Vater
        gelernt.
   b)   Gabriele hat sich schon als Kind für Autos interessiert.
   c)   Gabriele war immer stärker als andere Mädchen.
   d)   Gabriele war zuerst in der Werkstatt ihres Vaters angestellt.

4. Zeile 15 - 19

   a)   Gabriele erinnert sich gerne an ein herrliches Auto ihres Vaters.
   b)   Gabriele hat in zwei Jahren das Gymnasium abgeschlossen.
   c)   Gabriele hatte nach der Schule keine Schwierigkeiten, sich
        für einen Beruf zu entscheiden.
   d)   Gabriele wollte in ihrem Beruf vor allem viel Auto fahren.

5. Zeile 20 - 29

   a)   Die Mutter wollte nicht, daß sich Gabriele einen
        Ausbildungsplatz sucht.
   b)   Gabriele bildete schon bald selbst 20 Lehrlinge aus.
   c)   Gabriele hat auch versucht, bei der Regierung einen
        Ausbildungsplatz zu finden.
   d)   Gabriele mußte viele Bewerbungen schreiben, um einen
        Ausbildungsplatz zu bekommen.

                                          - bitte wenden -

6. Zeile 30 - 37

    a)   Der Versuch sollte feststellen, ob mehr Frauen in typischen
           "Männerberufen" arbeiten können.
    b)   Die Regierung versuchte, arbeitslosen Mädchen eine Ausbildung
           in einem typischen Beruf zu geben.
    c)   Einige Jahre lang wurden Frauen nicht mehr in den typischen
           "Frauenberufen" ausgebildet.
    d)   In den typischen "Frauenberufen" blieben nur 7% der Mädchen
           ohne Arbeit.

7. Zeile 38 - 44

    a)   Die beliebtesten Berufe bei den Mädchen sind immer noch
           Verkäuferin, Friseurin und Bürokauffrau.
    b)   Frauen haben heute die gleichen beruflichen Chancen wie Männer.
    c)   Immer weniger Frauen entscheiden sich für einen Männerberuf.
    d)   In den letzten Jahren gibt es in typischen Frauenberufen immer
           mehr weibliche Lehrlinge.

8. Zeile 45 - 50

    a)   Die Mädchen und jungen Frauen suchen gemeinsam nach neuen
           Berufen.
    b)   Es ist das wichtigste Ziel, die Frauen mehr für die Politik zu
           interessieren.
    c)   Es wurde beschlossen, daß die Ausbildung für Mädchen geändert
           wird.
    d)   Man möchte erreichen, daß Frauen und Mädchen nicht nur einige
           wenige Berufe wählen.

9. Zeile 51 - 57

    a)   Die jungen Frauen lobten im Schlußbericht auch die Arbeitgeber.
    b)   Die Kollegen nehmen Gabriele die schmutzigen Arbeiten ab.
    c)   Gabriele findet es ärgerlich, daß ihre Berufsausbildung so
           lange dauert.
    d)   Teilnehmerinnen und Arbeitgeber waren mit dem Ausbildungs-
           versuch sehr zufrieden.

10. Zeile 58 - 64

    a)   Der Chef hat inzwischen noch eine Frau eingestellt.
    b)   Der Chef meint, daß Frauen für alles im Betrieb sorgen.
    c)   Die Kollegen erwarten von Gabriele, daß sie alle gleich
           behandelt.
    d)   Gabriele hat keine Probleme mit den Männern im Betrieb.

A u f g a b e n   z u   T e x t   2:

11. Zeile 1 - 6

    a)   Arbeiterfamilien konnten sich früher keinen Urlaub leisten.

    b)   Früher haben vor allem Arbeiterfamilien Ferien auf dem Bauernhof gemacht.

    c)   Früher war für Arbeiterfamilien, die nicht viel Geld hatten, ein Urlaub auf dem Bauernhof kostenlos.

    d)   Nur Arbeiterehepaare konnten sich früher Urlaub auf dem Bauernhof leisten.

12. Zeile 7 - 11

    a)   Aus vielen Bauernhöfen wurden in den letzten 20 Jahren bequeme Hotels gemacht.

    b)   Die Bauern haben heute die Zimmer in ihren Höfen sehr verbessert.

    c)   Die Menschen heute wollen nur in guten Hotels Urlaub machen.

    d)   Wer heute ein Zimmer ohne Dusche und WC sucht, wird keines mehr finden.

13. Zeile 12 - 19

    a)   Die 2800 freien Betten in Niedersachsen können nur wenige Wochen im Jahr vermietet werden.

    b)   Ferien auf dem Bauernhof sind besonders bei Leuten beliebt, die mehrmals im Jahr Urlaub machen.

    c)   Ferien auf dem Bauernhof sind inzwischen beliebter als Ferien in Hotels.

    d)   Viele Gäste mieten ihre Zimmer gleich für 120 Tage im Jahr.

14. Zeile 20 - 27

    a)   Bei Ferien auf dem Bauernhof muß man sich auch um das Vieh kümmern.

    b)   Ferien auf dem Bauernhof sind das ganze Jahr möglich.

    c)   Herr und Frau Borchers vermieten seit 1969 Zimmer auf ihrem Bauernhof.

    d)   Herr und Frau Borchers sind inzwischen nicht mehr Bauern, sondern besitzen ein Hotel.

15. Zeile 28 - 40

    a)   Die Bauern können heute nicht mehr genug Nahrungsmittel produzieren.

    b)   Familie Borchers tut viel dafür, daß sich die Gäste bei ihnen wohl fühlen.

    c)   In einem alten Stall entstanden moderne Wohnräume mit Heizung.

    d)   Wenn die Pferde nicht für die Arbeit gebraucht werden, können sie von den Gästen benutzt werden.

SCHRIFTLICHER AUSDRUCK (BRIEF)   *30 Minuten*

Sie lesen in der "Stuttgarter Zeitung" folgende Anzeige:

Sie sind unser Mann/unsere Frau

wenn Sie einen Führerschein besitzen, wenn Sie leicht
zu anderen Menschen Kontakt finden und sehr gut verdienen wollen. Was Sie bisher gemacht haben, kann Ihnen
vielleicht helfen. Auf jeden Fall werden Sie bei uns von
Fachleuten ausgebildet. Sie arbeiten im Angestelltenver-
hältnis.
Schreiben Sie uns:
Fa. Haeberlen & Co., Meistersingerstr. 1, 7000 Stuttgart 70

Schreiben Sie auf diese Anzeige, und sagen Sie dabei etwas zu folgenden Punkten:

16. Warum Sie schreiben.
17. Warum Sie glauben, daß Sie die richtige Frau/der richtige Mann sind.
18. Was Sie bisher gemacht haben.
19. Welche Fragen Sie zu der Ausbildung haben.
20. Was Sie sonst noch wissen wollen.

Schreiben Sie zu allen Punkten wenigstens 1 bis 2 Sätze!

Vergessen Sie auch nicht Datum, Anrede, Gruß und Unterschrift!

H Ö R V E R S T E H E N   T E I L   A

Sie hören jetzt ein Gespräch. Dazu sollen Sie 20 Aufgaben lösen.
Bei jeder Aufgabe sollen Sie feststellen: Habe ich das im Text
gehört oder nicht? Die richtige Lösung markieren Sie auf dem Antwortbogen.

Hören Sie zuerst das Gespräch, ohne zu schreiben. Sie hören das
Gespräch danach in vier Abschnitten noch einmal.

(Text vom Tonband)

Lesen Sie jetzt die Aufgaben Nr. 21 - 25 zum 1. Abschnitt!

(75 Sekunden Pause)

1. Abschnitt

21. Die Sendung kommt heute direkt von einem Markt.
22. Auf dem Markt gibt es außer alten Sachen auch Obst
    und Gemüse zu kaufen.
23. Alte Sachen kann man auf dem Markt ziemlich billig
    kaufen.
24. Susanne verkauft alte Sachen, weil sie Geld braucht.
25. Susanne gefallen die Samstage auf dem Markt.

Hören Sie jetzt den 1. Abschnitt noch einmal. Beim Hören oder danach
markieren Sie die Lösungen auf dem Antwortbogen.
Fragen Sie sich bei jeder Aufgabe: Habe ich das im Text gehört?
Wenn ja, markieren Sie   R = richtig.
Wenn nein, markieren Sie   F = falsch.

Lösen Sie jetzt die Aufgaben Nr. 21 - 25 zum 1. Abschnitt!

(75 Sekunden Pause)

Lesen Sie jetzt die Aufgaben Nr. 26 - 30 zum 2. Abschnitt!

(75 Sekunden Pause)

2. Abschnitt

26. Während der Woche arbeitet Susanne in einem anderen
    Beruf.
27. Susanne fängt schon Freitag abends mit den Vorberei-
    tungen für den Markt an.
28. Wenn man auf so einem Markt verkaufen will, kostet
    das eine Gebühr.
29. Am Vormittag wird auf dem Markt am meisten verkauft.
30. Wertvolle alte Bücher werden auf dem Markt für viel
    Geld angeboten.

203

Hören Sie jetzt den 2. Abschnitt noch einmal!

Lösen Sie jetzt die Aufgaben Nr. 26 - 30 zum 2. Abschnitt!
(75 Sekunden Pause)

Lesen Sie jetzt die Aufgaben Nr. 31 - 35 zum 3. Abschnitt!
(75 Sekunden Pause)

3. Abschnitt

31. Susannes Sohn kauft und verkauft Spielzeug auf dem Markt.
32. Susanne bekommt oft Sachen von Leuten, die ihre Wohnung wechseln.
33. Susanne geht oft zu Leuten, von denen sie schon einmal etwas bekommen hat, und bittet Sie wieder um Sachen.
34. Susanne muß meistens etwas Geld für die Sachen bezahlen.
35. Die meisten Leute freuen sich darüber, daß sie altes Zeug weggeben können.

Hören Sie jetzt den 3. Abschnitt noch einmal!

Lösen Sie jetzt die Aufgaben 31 - 35 zum 3. Abschnitt!
(75 Sekunden Pause)

Lesen Sie jetzt die Aufgaben 36 - 40 zum 4. Abschnitt!
(75 Sekunden Pause)

4. Abschnitt

36. Werner kommt nur manchmal auf den Markt.
37. Werner unterhält sich gerne mit den Leuten auf dem Markt.
38. Werner weiß genau, was er kaufen will, wenn er auf den Markt geht.
39. Werner versucht, für die Sachen einen niedrigeren Preis zu zahlen.
40. Am nächsten Dienstag berichtet der Rundfunk wieder über einen Markt.

Hören Sie jetzt den 4. Abschnitt noch einmal!

Lösen Sie jetzt die Aufgaben 36 - 40 zum 4. Abschnitt!
(75 Sekunden Pause)

H Ö R V E R S T E H E N   T E I L   B

Im folgenden hören Sie 5 kurze Texte.
Hören Sie sich jeden Text zuerst an, dann lesen Sie die Aufgabe!

Sie hören dann den Text noch einmal. Danach wählen Sie die richtige Antwort.
Markieren Sie auf dem Antwortbogen, ob die Antwort a, b, c oder d richtig ist.

(Text vom Tonband)

41. Was ist richtig?

   a) Den Spreewald kann man nur auf dem Wasserweg erreichen.
   b) Im Spreewald kann man gut Ausflüge mit dem Schiff machen.
   c) Landschaften wie den Spreewald gibt es in Deutschland häufiger.
   d) Von Berlin in den Spreewald dauert die Fahrt einen Tag.

42. Was ist richtig?

   a) In der Semper-Oper werden vor allem Stücke von Wagner und Strauß
       gespielt.
   b) Touristen haben keine Chance, eine Theaterkarte zu bekommen.
   c) Um einen Besichtigungstermin muß man sich rechtzeitig kümmern.
   d) Von außen ist die Semper-Oper nicht interessant.

43. Was ist richtig?

   a) Eine Schiffahrt von Dresden nach Rathen oder Königstein ist
       besonders empfehlenswert.
   b) Man kann das Elbtal auf schönen Wanderwegen erreichen.
   c) Mitten im Elbsandsteingebirge liegt Dresden.
   d) Von den Bergen kann man Dresden sehen.

44. Was ist richtig?

   a) Goethe hat seine Werke in Leipzig geschrieben.
   b) In Leipzig trifft man sich zu internationalen Veranstaltungen.
   c) Leipzig lebt nur von der Industrie.
   d) Trotz seiner Industrie hat Leipzig eine gute Luft.

45. Was ist richtig?

   Rügen, die schönste Insel Deutschlands,

   a) hat für Autos zu kleine Staßen.
   b) ist mit einer alten Eisenbahn zu erreichen.
   c) ist zu groß, um sie richtig kennenzulernen.
   d) lernt man am besten mit dem Fahrrad kennen.

205

*Bitte finden Sie zu den Aufgaben in folgenden 12 Dialogen das richtige
Wort oder den richtigen Satz, und markieren Sie auf dem Antwortbogen,
ob die Lösung a, b, c oder d richtig ist.*

Beispiele:

Schon so spät! Dann _____ ich lieber gleich ab.

   a) fährt
   b) fahre
   c) fahren
   d) gefahren

a	b	c	d

Hast du vergessen, _____ du um 9.00 Uhr im Büro sein solltest?

   a) daß
   b) falls
   c) weil
   d) wie

a	b	c	d

* * *

Zwei Kollegen

46. _____ ich Sie heute nach der Arbeit zu einer Tasse Kaffee
einladen?

   a) Brauche
   b) Darf
   c) Möchte
   d) Will

47. Leider geht es heute nicht. Meine Tochter ist krank, _____
sie ist allein zu Hause.

   a) aber
   b) denn
   c) so
   d) und

48. Das verstehe ich. Können wir _____ denn ein anderes Mal
treffen?

   a) -
   b) sich
   c) sie
   d) uns

49. Ja, gern, ich _____ mich sehr gern mit Ihnen unterhalten.

   a) dürfte
   b) sollte
   c) wäre
   d) würde

50. Fein, dann machen wir _____ doch nächste Woche.

    a) -
    b) das
    c) dem
    d) den

* * *

Besuch bei einem Freund

51. Hallo, ich freue mich, daß _____.

    a) bist du gekommen
    b) du bist gekommen
    c) du gekommen bist
    d) gekommen bist du

52. Ich hatte dir ja versprochen, dich in _____ Wohnung einmal
    zu besuchen.

    a) deine neue
    b) deine neuen
    c) deinen neuen
    d) deiner neuen

53. Wie gefällt dir die Wohnung _____?

    a) aber
    b) dann
    c) denn
    d) doch

54. Ganz prima. Ist es von hier aus _____ bis zu deiner Arbeit?

    a) fern
    b) gut
    c) leicht
    d) weit

55. Das sind etwa 10 km. Aber da kann ich gut die S-Bahn _____.

    a) nehmen
    b) fahren
    c) haben
    d) reisen

* * *

Eine Wohnung ist zu vermieten

56. Darf ich mich _____? Mein Name ist Klein. Ich komme wegen
    der Wohnung.

    a) erklären
    b) heißen
    c) nennen
    d) vorstellen

57. Ja, richtig, wir haben miteinander telefoniert. Augenblick, ich zeige
    sie _____ gleich.

    a) Euch
    b) ihnen
    c) Ihnen
    d) Sie

58. Ich habe noch eine Frage. Wie _____ ist die Miete?

   a) hoch
   b) kräftig
   c) viel
   d) zahlreich

59. Die Miete ist DM 800,--. Dazu kommen noch _____ für Warmwasser
    und Heizung.

   a) Mittel
   b) Kosten
   c) Preise
   d) Zahlen

60. Gut. Wenn ich die Wohnung jetzt sehen könnte, _____ ich sehr
    dankbar.

   a) hätte
   b) sei
   c) wäre
   d) würde

* * *

Im Elektrogeschäft

61. Ich habe diesen Fernsehapparat _____ 20. September bei Ihnen
    gekauft, und jetzt ist er schon kaputt.

   a) -
   b) am
   c) der
   d) vom

62. Ich möchte, daß Sie ihn _____.

   a) ändern
   b) behandeln
   c) umtauschen
   d) wechseln

63. Wir müssen erst einmal sehen, _____.

   a) mit dem Apparat ist was los
   b) was ist los mit dem Apparat
   c) was ist mit dem Apparat los
   d) was mit dem Apparat los ist

64. Das beste wäre, wenn Sie ihn bis morgen _____.

   a) hiergelassen
   b) hierlassen
   c) lassen hier
   d) ließen hier

65. Gut, ich komme morgen wieder und hoffe, daß die Sache dann

    _____.

   a) erledigen wird
   b) erledigt
   c) erledigt hat
   d) erledigt ist

* * *

Zwei Geschäftsfreunde

66. Woher _____ Sie denn so gut Deutsch?

    a) haben
    b) können
    c) lernen
    d) wissen

67. Ich _____ mehrere Kurse beim Goethe-Institut besucht.

    a) bin
    b) habe
    c) war
    d) werde

68. _____ denn Deutschkenntnisse in Ihrem Land wichtig?

    a) Haben
    b) Sind
    c) Halten
    d) Wurden

69. Ja sehr. Es gibt viele deutsche Firmen dort, bei _____ man dann leichter eine Arbeit bekommt.

    a) den
    b) denen
    c) die
    d) ihnen

70. Und viele lernen auch die deutsche Sprache, _____ sie später in Deutschland studieren möchten.

    a) als
    b) daß
    c) denn
    d) weil

* * *

Im Supermarkt

71. _____ kann ich bitte diese leeren Flaschen abgeben?

    a) Wo
    b) Woher
    c) Wohin
    d) Wozu

72. Wenn Sie dort hinten klingeln, kommt _____.

    a) jeder
    b) jemand
    c) man
    d) welcher

73. Was mache ich denn mit den beiden da. Ich glaube, _____.

    a) die nicht von Ihnen sind
    b) die sind nicht von Ihnen
    c) nicht von Ihnen sind die
    d) sind die nicht von Ihnen

74. Kann ich sie _____ hierlassen?

    a) dagegen
    b) obwohl
    c) sowohl
    d) trotzdem

75. _____ Sie sie bitte draußen in den Müll.

    a) Werfe
    b) Werfen
    c) Wirf
    d) Wirfst

                          * * *

Autokauf

76. Guten Tag. Ich interessiere mich für das _____ Auto bei den
    Gebrauchtwagen draußen.

    a) rot
    b) rote
    c) roten
    d) rotes

77. Wie alt ist es, und _____ soll es kosten?

    a) viel
    b) was
    c) wie
    d) wieviele

78. 10.000 DM, aber da hätten wir noch etwas _____ für Sie.

    a) am besten
    b) besser
    c) Besseres
    d) gut

79. Wir haben im _____ ein paar Sonderangebote bei den neuen Autos.

    a) Augenblick
    b) Gegensatz
    c) Termin
    d) Zufall

80. Danke. Ein neues Auto kann ich mir auf keinen Fall _____.

    a) ausgeben
    b) bezahlen
    c) leisten
    d) liefern

                          * * *

Nach dem Urlaub

81. Ihr seht aber gut erholt aus! Wie war denn _____ Urlaub?

    a) euer
    b) eure
    c) euren
    d) eurer

82. Das war der _____ Urlaub, den wir in den letzten Jahren
    gemacht haben.

    a) am schönsten
    b) schöne
    c) schönere
    d) schönste

83. Wir waren _____ den Bergen.

    a) bei
    b) in
    c) nach
    d) zu

84. _____ ihr nächstes Jahr etwas Ähnliches plant, sagt Bescheid.

    a) Als
    b) Ob
    c) Weil
    d) Wenn

85. Ich kann euch wegen der Unterkunft _____ guten Hinweis geben.

    a) einigen
    b) irgendeinen
    c) manchen
    d) welchen

                              * * *

Zwei Nachbarn

86. Hallo, Max. Fährst du heute mit dem Auto _____ die Stadt?

    a) an
    b) in
    c) nach
    d) zu

87. Nein, heute nicht. _____ fragst du?

    a) Warum
    b) Wofür
    c) Wonach
    d) Worüber

88. Ach, ich dachte, du hättest mich mitnehmen _____.

    a) -
    b) gekonnt
    c) können
    d) konntest

89. Ich fahre morgen nachmittag. _____ kann ich dich gerne
    mitnehmen.

    a) Dafür
    b) Dann
    c) Dazu
    d) Denn

90. Das ist gut. Ich muß _____ etwas in der Stadt besorgen.

    a) dringend
    b) möglich
    c) überhaupt
    d) wichtig

* * *

Auf dem Paßamt

91. Guten Tag. Ich habe meinen Paß _____. Können Sie mir helfen?

    a) verliere
    b) verliert
    c) verlor
    d) verloren

92. Hatten Sie einen deutschen Paß, _____ war es ein ausländischer?

    a) aber
    b) oder
    c) sondern
    d) und

93. Es war ein deutscher Paß, und er ist hier bei Ihnen _____ worden.

    a) ausgestellt
    b) gemeldet
    c) geschrieben
    d) hergestellt

94. Sie müssen _____ ausfüllen und uns zwei Paßfotos bringen.

    a) diese Bewerbung
    b) diesen Antrag
    c) diese Rechnung
    d) diesen Bescheid

95. Es dauert aber ein paar Wochen, _____ der neue Paß fertig ist.

    a) als
    b) bis
    c) nachdem
    d) seitdem

* * *

Fahrscheinkontrolle

96. _____ ich bitte Ihre Fahrkarte sehen?

    a) Kann
    b) Möchte
    c) Muß
    d) Soll

97. Ja, Augenblick. Ich habe sie hier _____ Tasche.

    a) im
    b) in
    c) in der
    d) in die

98. Wo ist sie bloß? Ich weiß genau, daß _____.

    a) gesteckt habe ich sie in die Tasche
    b) habe ich sie in die Tasche gesteckt
    c) ich habe sie in die Tasche gesteckt
    d) ich sie in die Tasche gesteckt habe

99. _____ Sie in Ruhe, ich komme später noch einmal wieder.

    a) Suche
    b) Suchen
    c) Suchst
    d) Sucht

100. Hoffentlich finde ich sie noch, _____ weiß ich nicht, was ich
     machen soll.

    a) dann
    b) sondern
    c) sonst
    d) wenn

                        * * *

Zwei Freunde telefonieren miteinander

101. Hallo, Karl, hier ist Peter. Ich möchte dich _____ etwas bitten.

    a) für
    b) nach
    c) um
    d) wegen

102. Hallo, Peter. _____ ist los?

    a) Was
    b) Wer
    c) Wie
    d) Wo

103. Die Uhr, die wir zusammen in Köln gekauft haben, ist kaputt und kann
     hier nicht _____.

    a) reparieren
    b) repariert
    c) repariert werden
    d) repariert worden

104. Dann schick sie mir, und ich _____ mich um die Sache.

    a) kümmere
    b) kümmern
    c) kümmert
    d) kümmerte

105. Danke. Ich wußte, ich kann _____ auf dich verlassen.

    a) -
    b) mich
    c) mir
    d) sich

Goethe-Institut
Zertifikat Deutsch als Fremdsprache
MÜNDLICHER AUSDRUCK

- Kommunikation in Alltagssituationen
- Gelenktes Gespräch

In der mündlichen Prüfung soll der Kandidat zeigen, daß er sich an einem normalen Gespräch beteiligen kann, d.h. er soll in der Lage sein,

- seine Meinung zu äußern
- Fragen zu stellen
- auf Fragen zu antworten
- etwas Gehörtes wiederzugeben.

Der Kandidat sollte

- Beispiele geben
- seine Meinung begründen
- sagen, was er bereits über das Thema weiß
- selbst Fragen stellen, wenn er nicht verstanden hat,

und so das Gespräch in Gang halten.

In Teil 1 der mündlichen Prüfung, "Kommunikation in Alltagssituationen", ist zu beachten, daß in den Aufgabenstellungen häufig zwei Vorgaben enthalten sind,

z.B. "Entschuldigen Sie sich u n d machen Sie einen neuen Termin aus."

Vom Kandidaten wird erwartet, daß er auf beide Vorgaben eingeht.

MÜNDLICHER AUSDRUCK

Teil 1: Kommunikation in Alltagssituationen   5 Minuten

Wir spielen jetzt einige Situationen. Sagen Sie uns bitte, was Sie in der Situation
direkt sagen, fragen oder antworten würden.

Beispiel: Sie wollen noch mehr Deutsch lernen, haben aber nur am Anfang
              der Woche Zeit.
              Sagen Sie das in Ihrer Sprachenschule, und fragen Sie nach einem
              passenden Kurs!

              (Mögliche Antwort: Haben Sie einen Kurs am Montag oder Dienstag?
                                   An den anderen Tagen habe ich keine Zeit.)

106.   Sie waren bei Freunden zum Abendessen eingeladen und wollen nun gehen.
       Bedanken Sie sich, und sagen Sie etwas über den Abend.

107.   Sie haben einen früheren Arbeitskollegen getroffen und sich kurz mit ihm
       unterhalten. Verabschieden Sie sich jetzt, und bestellen Sie Grüße an die
       anderen Kollegen.

108.   Sie sind mit einem Freund/einer Freundin verabredet, Sie kommen jedoch
       eine Viertelstunde zu spät. Entschuldigen Sie sich, und erklären Sie, warum
       Sie sich verspätet haben.

109.   Sie sind im Restaurant. Ein anderer Gast fragt, ob er sich an Ihren Tisch setzen
       darf. Lehnen Sie ab, und sagen Sie warum.

110.   Eine Freundin hat Sie zur Geburtstagsparty eingeladen. Sie waren aber verreist
       und rufen etwas später an. Gratulieren Sie, und fragen Sie nach der
       Geburtstagsfeier.

Goethe-Institut
Zertifikat Deutsch als Fremdsprache
M Ü N D L I C H E R   A U S D R U C K
Teil 2: Gelenktes Gespräch

ZDaF 0.5 / MA-2

10 Minuten

Thema: Einkaufen

1. Prüfer	Kandidat	2. Prüfer
Erzählen Sie uns doch einmal, was Sie regelmäßig einkaufen.	111. antwortet	
Wenn Sie (also) Lebensmittel einkaufen, vergleichen Sie dann vorher die Angebote und Preise in verschiedenen Geschäften?	112. antwortet	
Es gibt Leute, für die Einkaufen ein großes Vergnügen bedeutet; für andere ist Einkaufen eine notwendige Arbeit, die man möglichst schnell erledigt. Fragen Sie doch einmal Herrn/ Frau ..., wie das bei ihm/ihr ist.	113. fragt	Ich gehöre zu den Leuten, die nicht besonders gern einkaufen. Deshalb kaufe ich immer alle Lebensmittel möglichst schnell in einem Supermarkt nicht weit von meiner Wohnung. Will ich aber Kleidung oder Schuhe kaufen, dann muß ich mir sehr viel mehr Zeit nehmen und in verschiedene Geschäfte gehen. Deshalb erledige ich solche Einkäufe besonders ungerne.
Können Sie noch einmal wiederholen, was Herr/Frau ... erzählt hat?	114. faßt zusammen	
Wenn Sie Kleidung oder Schuhe kaufen, gehen Sie dann alleine durch die Geschäfte, oder nehmen Sie lieber jemanden mit?	115. antwortet	
In Deutschland gibt es ein Ladenschlußgesetz, d.h. die Läden dürfen nur zu bestimmten Zeiten geöffnet haben. Erzählen Sie uns doch bitte etwas darüber, wie das hier/in dem Land, aus dem Sie kommen, ist.	116. antwortet	
In vielen Städten gibt es heute Geschäftsstraßen, die für den Autoverkehr verboten sind. Das hat für die Läden und die Kunden sowohl Vorteile als auch Nachteile. Könnten Sie mögliche Vor- oder Nachteile nennen?	117. antwortet	
Besonders in großen Städten gibt es außerdem immer mehr Supermärkte und Einkaufszentren, aber immer weniger kleine Geschäfte. Was halten Sie von dieser Entwicklung?	118. antwortet	
Wenn jemand sehr sparsam einkaufen möchte, welchen Rat würden Sie ihm geben?	119. antwortet	

216

Zertifikat Deutsch als Fremdsprache

T R A N S K R I P T I O N

HV A Dialog

I.: Hallo, liebe Hörerinnen und Hörer, hier ist wieder Ihre Sendung "Leute von Heute". Wir sind hier auf einem Markt in Flensburg, der an jedem Wochenende stattfindet. Es gibt hier kein frisches Obst oder Gemüse zu kaufen, auch nichts Neues. Auf diesem Markt gibt es nur alte Sachen, alte Bücher, gebrauchte Kleidung, Möbel, die keiner mehr haben wollte. Alles Sachen, die man nicht in Geschäften bekommt; und man braucht meistens nicht viel dafür zu bezahlen. Sie wissen schon, wir sind hier auf dem Flohmarkt. Hier haben wir Susanne getroffen. Sie ist 30 Jahre alt und verkauft alte Sachen auf dem Flohmarkt. Susanne, erzählen Sie uns mal, wie sind Sie dazu gekommen, hier Sachen zu verkaufen?

S.: Also, ich hatte so vieles bei mir zu Hause, was ich nicht mehr brauchte. Und da dachte ich mir: Vielleicht bekomme ich ja noch ein paar Mark dafür. Jedenfalls fand ich, daß die Sachen noch zu gut waren, um sie wegzuwerfen. Das war vor sechs Jahren.

I.: Ja, aber was Sie jetzt verkaufen, ist doch sicher nicht mehr das alte Zeug von damals.

S.: Nein, natürlich nicht. Inzwischen habe ich gemerkt, daß das hier nicht nur eine gute Gelegenheit ist, so etwas zu verkaufen, sondern daß es auch viel Spaß macht. Man lernt viele interessante Leute kennen, kommt beim Verkauf mit vielen Menschen ins Gespräch. Die Leute haben Zeit, es ist ja schließlich Samstag. Und nach so einem Tag geht es mir immer gut, weil ich etwas Schönes erlebt habe.

I.: Machen Sie das denn als Beruf?

S.: Nein, davon könnte ich nicht leben. Ich arbeite von Montag bis Freitagmittag in einer Versicherung. Am Freitagabend kommen dann schon die Flohmarktsachen ins Auto und am Samstag geht es dann los. Ich fahre schon frühmorgens um 6.00 Uhr. Später wäre es schlecht, da bekommt man keinen guten Platz mehr.

I.: Kann das eigentlich jeder machen? Und was kostet so ein Platz auf dem Flohmarkt?

bitte wenden

S.: Also, jeder kann kommen und hier einen Platz mieten. Die Preise für die Plätze sind verschieden. In der Stadt zahle ich so etwa 50 DM. Auf dem Land ist es billiger, und außerdem muß man sich auf dem Land auch nicht vorher anmelden.

I.: Wann verkauft es sich denn am besten?

S.: Das große Geschäft wird vormittags gemacht. Da kommen viele Leute, weil noch das meiste da ist, die Auswahl noch am größten ist. Nachmittags kommen vor allem Spaziergänger.

I.: Was für Sachen verkaufen Sie denn?

S.: Ich habe alles, z.B. Gläser, Bilder, Kassetten, Schallplatten, Kleider, Pullover, manchmal auch ein altes Radio oder einen Plattenspieler. Eine Zeit lang hatte ich auch sehr viele alte Bücher, einige noch aus meiner Schulzeit. Manche waren sogar von meinem Vater oder Großvater. Da waren Bücher dabei, die waren hundert Jahre alt. Das sind dann wirklich wertvolle Bücher. Eigentlich müßte man so etwas ja für viel Geld verkaufen. Aber hier bekommt man sie natürlich sehr billig. Ein Buch kostet meistens nicht mehr als 10 DM.

I.: Die haben Sie sicher alle schnell verkauft. Oft wird doch auch Spielzeug angeboten. Verkaufen Sie auch Spielzeug?

S.: Ja, und ich habe auch nie Probleme, Spielsachen zu bekommen. Ich habe nämlich einen Sohn, und der hat immer welche, mit denen er nicht mehr spielen will, und die kann er dann hier verkaufen. Und wenn er Glück hat, findet er für sich bei anderen Verkäufern anderes altes Spielzeug für wenig Geld. Dann lohnt es sich auch für ihn. Aber er kommt sowieso jedes Mal mit und hilft mir gern.

I.: Woher bekommen Sie denn noch Sachen?

S.: Ja, ich bekomme vieles von Bekannten und auch von Leuten, die umziehen und etwas für den Flohmarkt haben.

I.: Die sind dann sicher froh darüber, daß sie nicht alles in die neue Wohnung mitnehmen müssen.

S.: Ja, genau. Neulich hat mal jemand angerufen, der vor zwei Jahren umgezogen ist und mir damals Sachen für den Flohmarkt gegeben hat. Er hatte sich meine Adresse aufgeschrieben, und ich habe mir jetzt wieder alte Sachen bei ihm abholen können.

I.: Verlangen die Leute von Ihnen denn Geld für das Zeug, das Sie abholen?

S.: Nein, meistens nicht, höchstens mal ein paar Mark. In der Regel sind die Leute glücklich, daß ich die Sachen abhole und sie sich nicht mehr darum kümmern müssen.

I.: Jetzt haben wir hier noch Werner. Er liebt Flohmärkte sehr und kommt regelmäßig hierher. Werner, was interessiert Sie hier so sehr?

W.: Ja, das was Susanne gesagt hat: alte Sachen finden, die zwar nicht mehr modern, aber eben preiswert und noch gut sind. Das ist gerade das Schöne. Ja, und dann sieht und trifft man hier so viele interessante Leute. Man hat Zeit, auch mal für ein Gespräch.

I.: Finden Sie denn immer etwas auf dem Flohmarkt?

W.: Nein, nicht immer. Aber das muß auch nicht sein. Ich informiere mich aber gern einmal, was es gibt, ohne bestimmtes Ziel. Und manchmal finde ich dann etwas, was mir gefällt.

I.: Und bezahlen Sie die Preise, die verlangt werden?

W.: Nein, wissen Sie, auf dem Flohmarkt muß man schon handeln, d. h., der Verkäufer sagt seinen Preis, und ich schlage ihm einen niedrigeren Preis vor. Meistens finden wir dann gemeinsam einen Preis, der etwa in der Mitte liegt.

I.: Ja, meine Damen und Herren, wir kommen nun zum Ende unserer Sendung. Wir hoffen, daß Sie ein bißchen Lust bekommen haben, auch einmal auf einen Flohmarkt zu gehen. Vielleicht wollen Sie dort sogar einen Platz mieten und selbst etwas verkaufen. Also dann, wir hoffen, es hat Ihnen Spaß gemacht. Auf Wiederhören, bis zum nächsten Dienstag, bis zur nächsten Sendung "Leute von Heute".

HV B   Kurztexte

Meine Damen und Herren, herzlich willkommen in unserer Sendung "Reisen". Wir geben Ihnen heute Informationen über interessante Reiseziele im Osten Deutschlands.

41. Der Spreewald liegt 100 Kilometer südlich von Berlin und ist ein beliebtes Ziel für einen Tagesausflug von Berlin aus. Der Spreewald ist eine Landschaft, die es in Deutschland nur einmal gibt. Zahlreiche Flußarme gehen durch Wiesen und Wälder, und die Wasserwege sind oft die einzige Verbindung zwischen Feldern, alten Bauernhöfen und stillen Dörfern. Dort können Sie schöne Schiffsfahrten machen, die zwischen zwei und neun Stunden dauern. Und wenn Sie dann mit dem Boot langsam auf dem Wasser fahren, so glauben Sie, die Zeit ist stehengeblieben.

42. In Dresden sollten Sie die Semperoper, eines der berühmtesten Theatergebäude der Welt, ansehen. Der Baumeister Gottfried Semper baute das Gebäude 1838 bis 1841. Viele Stücke von Richard Wagner wurden hier zum ersten Mal gezeigt. Richard Strauss feierte hier seine Erfolge. Wenn Sie das Theater besichtigen wollen, müssen Sie sich allerdings schon früh anmelden, da es eine lange Warteliste gibt. Auch Karten für Vorstellungen sind sehr schwer zu bekommen, Sie sollten sich das Theater aber von außen ansehen.

43. Von Dresden lohnt sich immer auch ein Ausflug ins Elbsandsteingebirge, eine der schönsten Landschaften Deutschlands. Am besten fährt man von Dresden mit einem der weißen Schiffe die Elbe hinauf und kommt dann nach dreißig Kilometern vorbei an den steilen Bergen und alten Städtchen nach Rathen oder Königstein, hier sollten Sie aussteigen. Schöne Wanderungen führen auf die fast 400 Meter hohen Berge. Der bekannteste ist die Bastei. Von dort haben Sie einen herrlichen Blick über das Elbtal.

44. Die Insel Rügen ist die schönste deutsche Insel. Dieses Stück Natur sollten Sie unbedingt sehen. Es gibt dort herrliche Farben. Das blaue Meer, die grauen Felsen und die grünen Wälder. Man kann dort gut spazieren gehen, man kann die Inseln aber auch mit der alten Eisenbahn von früher besichtigen. Wenn Sie die Insel aber richtig kennenlernen wollen, dann nehmen Sie das Fahrrad und fahren die kleinen Straßen entlang. Rügen ist auch die größte deutsche Insel, und daher sind die Entfernungen von einem Ort zum anderen ziemlich groß. Aber bis zum nächsten Dorf oder Bauernhof reicht Ihre Kraft ganz sicher.

45. Leipzig können Sie schon von weitem riechen, denn Leipzig ist eine Industriestadt mit den Abgasen zahlreicher Fabriken und Industriebetriebe. Leipzig war aber auch schon immer die Stadt der Bücher. Hier wurden zum Beispiel die Werke von Goethe gedruckt, und das erste Buchgeschäft eröffnet. Seit Jahrhunderten ist Leipzig auch eine Stadt internationaler Ausstellungen, von denen die Frühjahrs- und die Herbstmesse besonders bekannt sind. Dazu kommen dann Besucher aus aller Welt.

Goethe-Institut
Zertifikat Deutsch als Fremdsprache: Antwortbogen

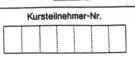 **ZDaF** |05| - **LV HV**

Name:	Lösungsschlüssel zu
Vorname:	Übungssatz 0.5 - N E U
Herkunftsland:	
Geburtsdatum:	
Institut/ Institution:	
Datum:	

Kursteilnehmer-Nr.

So markieren Sie richtig:

1 |a|■|c|d|

nicht so:

1 |●|◿|◺|✕|

LESEVERSTEHEN

1 |a|b|c|✕| 5 |a|b|c|✕| 9 |a|b|c|✕| 13 |a|✕|c|d|

2 |a|✕|c|d| 6 |✕|b|c|d| 10 |a|b|c|✕| 14 |a|b|✕|d|

3 |a|✕|c|d| 7 |✕|b|c|d| 11 |a|✕|c|d| 15 |a|✕|c|d|

4 |a|b|✕|d| 8 |a|b|c|✕| 12 |a|✕|c|d|

Lösungen Nr. 1–15 } x2: [ ]

HÖRVERSTEHEN

21 |✕|F| 28 |✕|F| 35 |✕|F| 41 |a|✕|c|d|

22 |R|✕| 29 |✕|F| 36 |R|✕| 42 |a|b|✕|d|

23 |✕|F| 30 |R|✕| 37 |✕|F| 43 |✕|b|c|d|

24 |R|✕| 31 |✕|F| 38 |R|✕| 44 |a|✕|c|d|

25 |✕|F| 32 |✕|F| 39 |✕|F| 45 |a|b|c|✕|

26 |✕|F| 33 |R|✕| 40 |R|✕|

27 |✕|F| 34 |R|✕|

Lösungen Nr. 21–40 : [ ] + Lösungen Nr. 41–45 } x2: [ ]

= Ergebnis: [ ]

Goethe-Institut
Zertifikat Deutsch als Fremdsprache: Antwortbogen

ZDaF 05 - SW

Kursteilnehmer-Nr.

Name:	Lösungsschlüssel zu
Institut/ Institution:	Übungssatz 0.5 - N E U

Datum:

STRUKTUREN/WORTSCHATZ

46 |a|X|c|d| 61 |a|X|c|d| 76 |a|X|c|d| 91 |a|b|c|X|

47 |a|b|c|X| 62 |a|b|X|d| 77 |a|X|c|d| 92 |a|X|c|d|

48 |a|b|c|X| 63 |a|b|c|X| 78 |a|b|X|d| 93 |X|b|c|d|

49 |a|b|c|X| 64 |a|X|c|d| 79 |X|b|c|d| 94 |a|X|c|d|

50 |a|X|c|d| 65 |a|b|c|X| 80 |a|b|X|d| 95 |a|X|c|d|

51 |a|b|X|d| 66 |a|X|c|d| 81 |X|b|c|d| 96 |X|b|c|d|

52 |a|b|c|X| 67 |a|X|c|d| 82 |a|b|c|X| 97 |a|b|X|d|

53 |a|b|X|d| 68 |a|X|c|d| 83 |a|X|c|d| 98 |a|b|c|X|

54 |a|b|c|X| 69 |a|X|c|d| 84 |a|b|c|X| 99 |a|X|c|d|

55 |X|b|c|d| 70 |a|b|c|X| 85 |a|b|X|d| 100 |a|b|X|d|

56 |a|b|c|X| 71 |X|b|c|d| 86 |a|X|c|d| 101 |a|b|X|d|

57 |a|b|X|d| 72 |a|X|c|d| 87 |X|b|c|d| 102 |X|b|c|d|

58 |X|b|c|d| 73 |a|X|c|d| 88 |a|b|X|d| 103 |a|b|X|d|

59 |a|X|c|d| 74 |a|b|c|X| 89 |a|X|c|d| 104 |X|b|c|d|

60 |a|b|X|d| 75 |a|X|c|d| 90 |X|b|c|d| 105 |a|X|c|d|

Lösungen
Nr. 46–105 } [   ] : 4 = Ergebnis: [   ]

223

4.4 Übersicht über die Zentralen Sprachprüfungen des Goethe-Instituts

Das Goethe-Institut bietet zur Zeit fünf zentrale, weltweit eingesetzte Sprachprüfungen und Sprachdiplome an:

Zertifikat Deutsch als Fremdsprache (ZDaF):
(in Zusammenarbeit mit dem Deutschen Volkshochschul-Verband). Die Prüfung zur ZDaF erfordert 400 (bei nichteuropäischen Ausgangssprachen eher: 600) Stunden Intensivunterricht und ist am Ende der Grundstufenkurse des Goethe-Instituts angesiedelt. Mit der Prüfung weist der Kandidat nach, daß er über Grundkenntnisse in der deutschen Sprache verfügt, die es ihm ermöglichen, sich in Alltagssituationen sprachlich zurechtzufinden, ein Gespräch über Situationen des täglichen Lebens zu verstehen und sich daran zu beteiligen und einfache Sachverhalte mündlich und schriftlich zu formulieren. Die Prüfung besteht aus den schriftlichen Prüfungsteilen Leseverständnis, schriftlicher Ausdruck, Hörverständnis und Strukturen/Wortschatz sowie einer Einzelprüfung im mündlichen Ausdruck. Weltweit sehr hoher Bekanntheitsgrad und aus diesem Grund von privaten und öffentlichen Arbeitgebern geschätzt als Nachweis von Grundkenntnissen in der deutschen Sprache. In der Bundesrepublik Deutschland anerkannt als Sprachnachweis zum Besuch einer Fachoberschule und als Nachweis von Deutschkenntnissen zur Erlangung der deutschen Staatsangehörigkeit („Einbürgerung").

Zentrale Mittelstufenprüfung (ZMP):
Die Prüfung zur ZMP erfordert 800 (bei nichteuropäischen Ausgangssprachen eher: 1000) Stunden Intensivunterricht und ist am Ende der Mittelstufenkurse des Goethe-Instituts angesiedelt. Mit der Prüfung weist der Kandidat nach, daß ihm die überregionale deutsche Standardsprache geläufig ist, daß er imstande ist, einen authentischen Text von mittlerem Schwierigkeitsgrad selbständig zu erarbeiten und daß er sich auch zu anspruchsvolleren Themen mündlich und schriftlich korrekt äußern kann. Die Prüfung besteht aus den schriftlichen Prüfungsteilen Leseverständnis, Hörverständnis und schriftlicher Ausdruck sowie einer Einzelprüfung im mündlichen Ausdruck. Weltweit hoher Bekanntheitsgrad und bei der Arbeitsplatzsuche hilfreich als Nachweis solider allgemeinsprachlicher Deutschkenntnisse. In der Bundesrepublik Deutschland anerkannt von einzelnen Universitäten (Mün-

chen, Köln, Kiel) als ausreichender Sprachnachweis zur Aufnahme eines Universitätsstudiums (Mindestnote „gut"). Von der Kultusministerkonferenz (KMK) anerkannt als dem KMK-I-Diplom (d.h. ungefähr Niveau der Mittleren Reife in Deutsch) gleichwertig – das Zeugnis der bestandenen ZMP befreit von der sprachlichen Aufnahmeprüfung in ein Studienkolleg.

Zentrale Oberstufenprüfung (ZOP):
Die Prüfung zur ZOP erfordert ca. 1200 Stunden Intensivunterricht und ist am Ende der Oberstufenkurse des Goethe-Instituts angesiedelt. Mit der Prüfung weist der Kandidat nach, daß er einen schwierigen authentischen Text selbständig erarbeiten kann, sich mündlich und schriftlich gewandt ausdrücken kann und einen Überblick über Gebiete der deutschen Landes- und Kulturkunde besitzt. Die Prüfung besteht aus den schriftlichen Prüfungsteilen Texterklärung, Ausdrucksfähigkeit und Aufsatz bzw. Fragen zur Lektüre sowie einer Einzelprüfung im mündlichen Ausdruck. Weniger hoher Bekanntheitsgrad, da sie relativ selten abgenommen bzw. abgelegt wird. Die Oberstufenprüfung als Abschluß der höchsten Kursstufe des Goethe-Instituts gilt als Nachweis hoher sprachlicher Kompetenz und eines entsprechenden Sprachreflexions-Niveaus. Sie ist etwa auf der Stufe des Kleinen Deutschen Sprachdiploms anzusiedeln und diesem in Schwierigkeitsgrad und Prüfungsformen sehr ähnlich.

Großes Deutsches Sprachdiplom (GDS)
im Auftrag der Ludwig-Maximilians-Universität zu München. Die Prüfung zum GDS ist kursunabhängig und entspricht im Schwierigkeitsgrad den sprachlichen Anforderungen in einem Vordiplom eines geisteswissenschaftlichen Studienganges. Das GDS gilt in einigen Ländern der Welt als ausreichender sprachlicher Nachweis für Deutschlehrer. Die Prüfung besteht aus den schriftlichen Prüfungsteilen Aufsatz, Erklärung eines vorgelegten Textes nach Inhalt, Wortschatz und Stil, Aufgaben zur Prüfung der Ausdrucksfähigkeit, Bearbeitung von Fragen zu einem der drei Gebiete „Deutsche Literatur", „Wirtschaftswissenschaften" oder „Naturwissenschaften" sowie zur „Landeskunde", dem Diktat eines anspruchsvollen Textes von etwa 20 Zeilen Länge

sowie einer mündlichen Einzelprüfung. Höchstqualifizierender Abschluß in „Deutsch als Fremdsprache", der nicht im Rahmen eines Universitätsstudiums oder einer Dolmetscher-Übersetzer-Ausbildung erworben ist. Hoher Bekanntheitsgrad und weltweit von privaten und öffentlichen Arbeitgebern geschätzt als Nachweis von Deutschkenntnissen, die auf nahezu muttersprachlichem Niveau liegen. Von KMK und WRK (siehe auch KDS) anerkannt als Befreiungsgrund von der sprachlichen Aufnahmeprüfung in eine Universität (das GDS überschreitet deren Anforderungen bei weitem). In einigen Ländern der Welt durch die dortigen Kultusbehörden anerkannt als Sprachnachweis für angehende Deutschlehrer.

Kleines Deutsches Sprachdiplom (KDS)
im Auftrag der Ludwig-Maximilians-Universität zu München. Die Prüfung zum KDS ist kursunabhängig und entspricht im Schwierigkeitsgrad der Oberstufenprüfung des Goethe-Instituts. Erfolgreiche Absolventen des KDS sind durch Beschluß der Kultusminister-Konferenz (KMK) von der sprachlichen Aufnahmeprüfung in eine bundesdeutsche Universität befreit. Die Prüfung besteht aus den schriftlichen Prüfungsteilen Aufsatz, Erklärung eines Textes nach Inhalt und Wortschatz, Aufgaben zur Prüfung der Ausdrucksfähigkeit und Bearbeitung von Fragen zur Lektüre, dem Diktat eines mittelschweren deutschen Textes von etwa 20 Zeilen Länge sowie einer mündlichen Einzelprüfung. Weltweit sehr hoher Bekanntheitsgrad und aus diesem Grund von privaten und öffentlichen Arbeitgebern hoch geschätzt als Nachweis qualifizierter Kenntnisse in der deutschen Sprache. In der Bundesrepublik Deutschland anerkannt als ausreichender Sprachnachweis zum Besuch einer bundesdeutschen Universität und als Befreiungsgrund von der Sprachaufnahmeprüfung in eine Universität (siehe Rahmenordnung der Westdeutschen Rektorenkonferenz-WRK). Von der Kultusministerkonferenz (KMK) anerkannt als dem KMK-II-Diplom (d.h. Abiturniveau in Deutsch) gleichwertig

Nähere Informationen über die einzelnen Prüfungen an jedem Kulturinstitut des Goethe-Instituts oder direkt bei: Referat 43, Prüfungszentrale, Helene-Weber-Allee 1, D-80637 München, BRD.